EMILY RALLS / CAROLINE RIGGS

PSYCHOLOGIE KOMPAKT

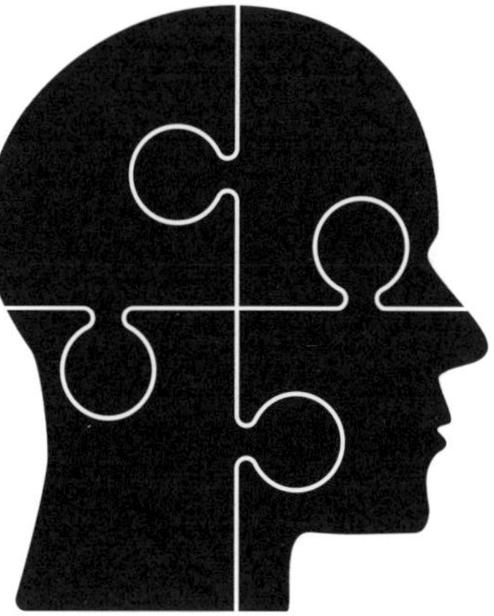

GESCHICHTE, DENKSCHULEN UND PERSONEN

PETERSBERG

PETERSBERG
ist ein Imprint der

HEEL Verlag GmbH
Gut Pottscheidt
53639 Königswinter
Tel.: 02223 9230-0
Fax: 02223 9230-13
E-Mail: info@heel-verlag.de
www.heel-verlag.de

Summersdale Publishers Ltd
Part of Octopus Publishing Group Limited
www.summersdale.com

Originaltitel: "The Little Book of Psychology"
ISBN 978-1-78685-807-8

Deutsche Ausgabe:
Übersetzung: Jacqueline Dubois, Berlin
Satz: Stefan Witterhold, HEEL Verlag, GmbH
Lektorat: Ulrike Reihn-Hamburger

Printed in Czech Republic

ISBN 978-3-7553-0007-6

INHALT

IM BEWUSSTSEIN DES MENSCHEN ERKENNT DIE NATUR SICH SELBST.

CARL SAGAN

Einführung

Das menschliche Gehirn ist das einzige Lebendige, das sich selbst studieren kann. Haben Sie vielleicht aus genau diesem Grund zu diesem Buch gegriffen? Das Gehirn kann sich aber nicht nur selbst studieren, es kann währenddessen gleichzeitig eine unfassbare Menge an Informationen aus Ihrer Umgebung verarbeitet.

Während Sie diese Seite lesen, erhält das Gehirn über Ihre Augen Informationen in Form von elektrischen Impulsen. Es erkennt augenblicklich, wo es diese Linien und Formen bereits gesehen hat, erinnert sich daran, dass sie Buchstaben und Wörter repräsentieren, und verbindet sie mit Bedeutungen, mit denen es diese bereits früher verbunden hat.

Gleichzeitig hat Ihr Gehirn Sie wahrscheinlich nicht auf die Geräusche aufmerksam gemacht, die Sie umgeben. Es filtert ununterbrochen Töne heraus, die keine unmittelbare Bedrohung für Sie darstellen, d. h., es hat entschieden, dass es für Sie vollkommen sicher ist, diese Geräusche zu ignorieren. Es würde Sie jedoch sofort darauf aufmerksam machen, sollte z.B. ein Säbelzahntiger den Raum betreten.

Höchstwahrscheinlich sind Sie sich in diesem Augenblick nicht dessen bewusst, dass Ihr Hypothalamus, in der Mitte Ihres Gehirns gelegen, Signale von Ihrer Haut empfängt und die Umgebungstemperatur analysiert. Er nimmt augenblicklich Anpassungen vor, sodass Ihre lebenswichtigen Organe eine konstante Temperatur halten.

Vielleicht lassen Sie sich jetzt aber zunehmend von unseren Worten ablenken, wenn wir Sie darauf hinweisen, dass Sie immer wieder blinzeln, ohne es zu bemerken, und dass Sie nicht mehr wahrnehmen, welche Körperteile den Stuhl berühren, auf dem Sie sitzen oder wie Ihre Füße auf dem Boden stehen. Ihr Gehirn erledigt all das für Sie, während es gleichzeitig etwas über sich selbst lernt.

Hundert Milliarden Neuronen kümmern sich um Sie – und sind gleichzeitig Sie.

Diese biologischen Prozesse im Gehirn, die zu unseren alltäglichen Erfahrungen und Verhaltensweisen beitragen, können mithilfe einer Reihe moderner wissenschaftlicher Methoden beobachtet, gemessen und manipuliert werden. Heutzutage können wir das Gehirn bei der Verarbeitung von Informationen in Echtzeit beobachten, indem wir uns bildgebende Verfahren wie die funktionelle Magnetresonanztomopraphie (fMRT) zunutze machen, aber das war natürlich nicht immer so – und das biologische Studium des Gehirns macht nur einen Teil des Studiums der Psychologie aus. Auch wenn wir heute wissen, dass das Gehirn vermutlich den „Geist" enthält, so gibt es doch viele Facetten der menschlichen Erfahrungen, die nicht durch wissenschaftliche Techniken beobachtet werden können, bei denen es einen subtileren, subjektiveren Ansatz braucht, wenn wir sie zu verstehen versuchen wollen.

In diesem Buch betrachten wir unterschiedliche Methoden, unser Verhalten zu verstehen, im Laufe der Geschichte der Psychologie. Sie reichen von traditionell wissenschaftlichen Ansätzen wie der biologischen Psychologie und der Verhaltenspsychologie bis zu der subjektiveren Herangehensweise Freuds und der psychodynamischen Psychologie.

Die Geschichte der Psychologie

Wo fängt man am besten an, will man etwas über die Geschichte der Psychologie erzählen? Zum Teil liegt die Schwierigkeit darin, das Studium der Psychologie von dem der Philosophie zu trennen. Im alten Griechenland diskutierten Philosophen über Themen, die wir heute der Psychologie zuordnen würden, z. B. die Seele, den Geist und die Natur des Denkens. Als eigene wissenschaftliche Disziplin trat die Psychologie jedoch erst in den 1800er-Jahren in den Vordergrund, als der deutsche Wissenschaftler **Wilhelm Wundt** (1832–1920) damit begann, menschliches Verhalten mit der „wissenschaftlichen Methode" zu untersuchen.

Sein 1874 erschienenes Buch „Grundzüge der physiologischen Psychologie" war der erste echte Versuch, das Studium der Physiologie (wie unsere Organe und Organsysteme funktionieren) mit dem Studium des menschlichen Verhaltens zu verbinden. Im Jahr 1879 eröffnete er in Leipzig das erste offizielle Institut für Psychologie, die Experimental-Psychologische Versuchsanstalt, wo er Pionierarbeit im Bereich der Nutzung der Selbstbeobachtung als Forschungsmethode leistete.

Versuchen Sie sich in Introspektion

Zünden Sie eine Kerze an und beobachten Sie ihr Flackern, spielen Sie eine einzelne Note auf einem Instrument oder riechen Sie an einer Blume. Nun sprechen Sie laut aus, wie Sie sich dabei fühlen oder welche Gedanken Sie haben. Das ist Introspektion oder auch Selbstbeobachtung: Die Untersuchung des eigenen Denkprozesses.

Wundts Methode der Selbstbeobachtung war innovativ, weil er damit den Versuch machte, die Denkprozesse selbst zu studieren anstatt das erkennbare Verhalten oder die Struktur des Gehirns jeweils isoliert. Studienteilnehmer wurden dazu angehalten, ihre eigenen Gedanken zu untersuchen und mitzuteilen und sich selbst zu beobachten. Ausgebildete Mitarbeiter überwachten die Experimente und präsentierten geplante sensorische Stimuli, wie den Klang eines Metronoms oder das Einschalten einer Lichtquelle. Wundt erkannte die Bedeutung, die der Einsatz experimenteller Methoden zum Studium des menschlichen Verhaltens hatte, und er betonte, wie wichtig es sei, ein Experiment unter gleichen Bedingungen wiederholen zu können, damit die Zuverlässigkeit der Ergebnisse überprüfbar ist.

Seit damals floriert das wissenschaftliche Studium des menschlichen Verhaltens, und Psychologen wenden die wissenschaftliche Methode mit unterschiedlicher Strenge an, um zu erklären, wie das Zusammenspiel aus unserer Biologie und unseren Erfahrungen unser Verhalten formen kann.

In diesem Buch betrachten wir die großen Studienfelder der modernen Psychologie, von Freuds psychodynamischem Ansatz, der im frühen 20. Jahrhundert aufkam, bis hin zu modernen bildgebenden Verfahren.

Der biologische Ansatz

Wo genau unsere Gedanken und unser Verhalten entstehen, war im Laufe der Menschheitsgeschichte schon immer ein Thema, über das sich Philosophen und Wissenschaftler viele Gedanken machten – und bis heute gibt es keine abschließende Antwort. Je weiter sich jedoch unser Verständnis der Biologie entwickelt, desto weiter schreitet auch unser Verständnis der Psychologie voran. In diesem Kapitel betrachten wir die Anatomie des Gehirns, die Einflüsse der Genetik und die Frage, wie unsere evolutionäre Vergangenheit menschliches Verhalten womöglich beeinflusst hat.

Vor etwa 2.500 Jahren war es Hippokrates, der als erster darlegte, das Gehirn sei für die menschlichen Gedanken und das Bewusstsein verantwortlich – und nicht das Herz, wie Aristoteles glaubte. In den folgenden Jahrhunderten wurden viele Theorien darüber aufgestellt, wie das Gehirn zur menschlichen Erfahrung beiträgt. Darunter waren auch die Ideen des griechischen Philosophen und Chirurgen Galen (im 2. Jh. v. Chr. entwickelt, aber noch bis ins späte 17. Jh. populär), das Gehirn arbeite wie eine Art Pumpe und befördere Flüssigkeit durch die Nerven zu unseren Organen. Hätten Wissenschaftler im 19. Jh. nicht morbide Experimente zur Wiederbelebung hingerichteter Gefangener durchgeführt, hätten wir vielleicht nie erkannt, dass unsere Körper tatsächlich durch elektrische Signale vom und zum Gehirn gesteuert werden. Zu einer Zeit, als die Nutzung der Elektrizität noch wenig verbreitet war, war dies eine bedeutsame Entwicklung in unserem Wissen um die Biologie.

Leider spielte es jedoch kaum eine Rolle, wie begeistert die Wissenschaftler von der Idee waren, dass wir von einem elektrisch geladenen, biologischen Supercomputer gesteuert werden. Zu dieser Zeit fehlte ihnen einfach noch das medizinische Wissen, um einen willigen Patienten lange genug am Leben zu erhalten, um seinen Schädel zu öffnen und darin tatsächlich etwas zu beobachten. In einer Zeit vor der Erfindung bildgebender Verfahren wie der Magnetresonanztomografie (MRT) oder der Positronen-Emissions-Tomografie (PET) kamen wir nur durch das Unglück von Menschen an derartige Informationen, die furchtbare Unfälle überlebten und Wissenschaftlern erlaubten, ihre Veränderungen in der Persönlichkeit oder dem Gedächtnis zu beobachten.

Eine der bekanntesten dieser Studien fand im Jahr 1848 statt. Während eines Arbeitsunfalls beim Bau einer Eisenbahnlinie in Vermont drang dem amerikanischen Vorarbeiter Phineas Gage ein 109 cm langer Eisenstab in den Kopf ein und verletzte sein Gehirn. Gage hatte den Stab verwendet, um damit Sprengstoff in einem Sprengloch festzustampfen. Der Stab durchstieß seinen Stirnlappen, tötete ihn wundersamer Weise aber nicht.

Er behielt jedoch bleibende Schäden zurück, wie Einschränkungen seiner kognitiven Funktionen und Veränderungen seiner Persönlichkeit. Sein Arzt und Freund, Dr. John Harlow, berichtete, dass Gage seit dem Unfall impulsiver war und seine Wut schwerer kontrollieren konnte.

Die Beweise im Fall Gage sind jedoch dürftig, und in den letzten Jahren haben Forscher die Glaubwürdigkeit einiger Quellen in Frage gestellt. Es ist im Grunde jedoch egal, ob der Fall ausgeschmückt oder verzerrt wurde. Tatsache ist, es war der erste Fall, bei dem ausdrücklich über Persönlichkeitsveränderungen, ausgelöst durch Schädigungen des Gehirns, berichtet worden war. Die damaligen Ärzte waren in der Lage, Hypothesen aufzustellen, dass die Persönlichkeitsveränderungen direkte Auswirkungen von Gages Verletzung waren. Das machte das Unglück zu einem wegweisenden Ereignis für die Hirnforschung. Durch weitere Fallstudien und verbesserte bildgebende Verfahren wissen wir heute, dass der Stirnlappen (der in Gages Fall beschädigt wurde) tatsächlich für unsere Impulskontrolle zuständig ist, angefangen bei der Frage, ob wir in der Lage sind, der Verlockung eines weiteren Kekses zu widerstehen, bis zum Ausdruck zwanghaften Verhaltens, z. B. bei Zwangsstörungen (OCD) und Suchterkrankungen.

Die Gehirnlappen

Jedem Gehirnlappen wird eine unterschiedliche Funktion zugeordnet.

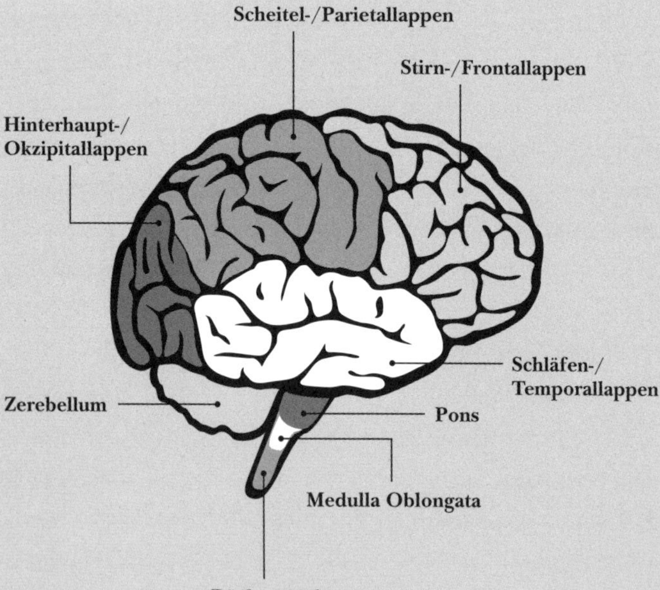

Die Großhirnrinde lässt sich beidseitig in je vier Hirnlappen einteilen: Stirn-, Schläfen-, Scheitel- und Hinterhauptlappen. Jedem dieser Lappen wird eine spezielle Funktion zugewiesen. Der **Stirnlappen** ist für unser erlerntes, zielgerichtetes Verhalten zuständig, für die Prozesse, die es uns ermöglichen, Entscheidungen zu treffen und kreativ zu sein. Dort werden Handlungen ausgelöst oder verhindert. Er gilt als Sitz der individuellen Persönlichkeit und des Sozialverhaltens. Im **Schläfenlappen** werden Erinnerungen und Sprache verarbeitet, während der **Scheitellappen** für unser Verständnis der Welt sorgt, z. B. durch die Erkennung von Form, Struktur und Gewicht von Gegenständen. Im **Hinterhauptlappen** werden schließlich die Informationen aus unseren Augen verarbeitet und dabei in kleinere Einheiten unterteilt, wie Helligkeit und Dunkelheit, Muster und Entfernung.

Im Hinterhauptlappen befindet sich zudem ein Bereich, der für die Gesichtserkennung zuständig ist, was unsere Fähigkeit erklärt, Gesichter in Mustern, Wolken oder angebrannten Toaststücken zu entdecken! Zwei Streifen, die oben auf dem Gehirn verlaufen, erhalten Signale aus bestimmten Körperregionen und verarbeiten Bewegungen und körperliche Empfindungen. Wird ein Mensch verletzt und verliert ein Körperteil, so werden die korrespondierenden Bereiche im motorischen Kortex einer extremen Umstrukturierung unterzogen, was z. B. zu Phantomschmerzen bei Amputierten führen kann.

Innerhalb und zwischen diesen Gehirnlappen werden Signale mithilfe von Neuronen hin und her transportiert. Neuronen sind Zellen, die speziell darauf ausgelegt sind, die elektrischen Impulse zu transportieren, die uns das Denken und Fühlen ermöglichen. Diese Impulse werden entlang der Neuronen mit einer Geschwindigkeit von bis zu 119 m pro Sekunde transportiert und leiten dabei Informationen von unseren sensorischen Organen wie Haut, Augen und Nase zu unserem Gehirn weiter, wo sie interpretiert werden, worauf dann die entsprechende Reaktion erfolgt. Zwischen den einzelnen Neuronen befinden sich winzige Löcher, die Synapsen. Diese werden mithilfe von Neurotransmittern - chemischen Botenstoffen - überwunden. Sicher haben Sie schon von einigen dieser Botenstoffe gehört, z. B. Serotonin und Dopamin, die eng mit verschiedenen kognitiven Funktionen wie Freude, Erinnerung, Aufmerksamkeit usw. verbunden sind.

DIE STRUKTUR EINES NEURONS

Impulse verlaufen durch die Neuronen von den Dendriten zu den präsynaptischen Endigungen (auch Axonterminale). Das Wort „Dendrit“ kommt aus dem Griechischen und bedeutet „Baum“, denn sie sind wie winzige Zweige, die aus dem Neuron herausragen und sich mit den präsynaptischen Endigungen der benachbarten Neuronen verbinden. Präsynaptische Endigungen setzen Neurotransmitter (wie Dopamin oder Serotonin) frei, welche die Impulse über die Synapse (den kleinen Spalt zwischen den Dendriten und den präsynaptischen Endigungen) befördern. Dann werden sie von den Dendriten des nächsten Neurons in Empfang genommen, wo die Reise aufs Neue beginnt.

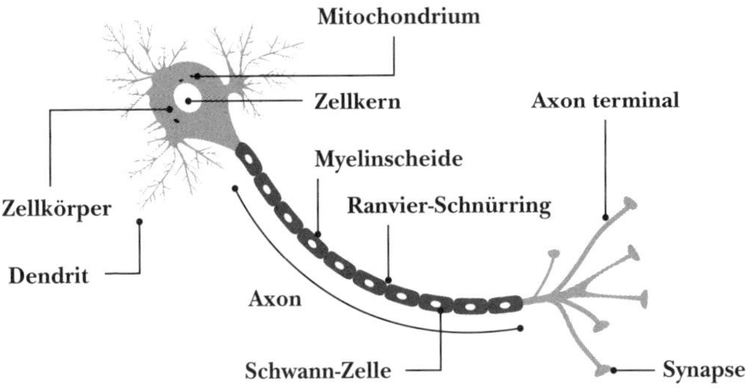

Neuromythos: „Wir nutzen nur zehn Prozent unseres Gehirns."

FALSCH!

Wir nutzen unser gesamtes Gehirn, und zwar die ganze Zeit, auch wenn einige Bereiche zeitweise schwerer arbeiten als andere, je nachdem, womit wir gerade beschäftigt sind.

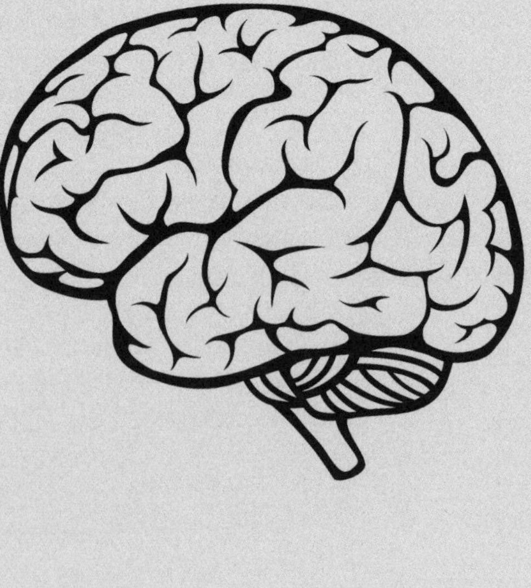

LETZTEN ENDES KANN DAS GESAMTE GEBIET DER PSYCHOLOGIE REDUZIERT WERDEN AUF BIOLOGISCHE ELEKTROCHEMIE.

SIGMUND FREUD

Die gesamt Oberfläche des Gehirns ist stark gefaltet und hat so eine gewaltige Oberfläche, die - ohne Blutzufuhr - grau aussieht. Grund dafür ist die enorme Menge an Myelinscheiden, eine fettige Schicht, die um die länglichen Neuronen gewickelt ist und bei der Weiterleitung der elektrischen Signale im Gehirn hilft. Während Sie dies lesen, fliegen elektrische Signale zwischen allen Gehirnlappen hin und her, erschaffen Erinnerungen und stellen Verbindungen zu früheren Abläufen her, ohne dass Sie das Gefühl haben, auf die Wiederauffindung bestimmter Informationen warten zu müssen. Es hängt alles auf wundervolle Weise zusammen.

Unsere fantastischen, komplizierten Gehirne hören niemals auf zu lernen. Das Gehirn passt sich ständig an die Anforderungen unserer Umwelt an und verteilt Ressourcen um, je nachdem, was wir gerade von ihm verlangen. So haben Studien gezeigt, dass sich die Struktur des Gehirns eines Menschen tatsächlich verändert, wenn er eine anspruchsvolle neue Aufgabe lernt, z.B. das Jonglieren oder das Spielen eines Computerspiels. Bei Londoner Taxifahrern hat man entdeckt, dass sich bei ihnen ein Bereich des Gehirns, der Hippocampus, vergrößert hat. Dieser Hippocampus steht in engem Zusammenhang zum Gedächtnis, und Londoner Taxifahrer brauchen definitiv ein gutes Gedächtnis, wollen sie sich in den gewundenen Straßen der Stadt zurechtfinden.

AUS DER PERSPEKTIVE DER EVOLUTION

Auch über einen wesentlich längeren Zeitraum hinweg hat sich das Gehirn immer wieder verändert. Evolutionär-Psychologen gehen davon aus, dass das aktuelle menschliche Verhalten die Antwort auf die Belastungen ist, denen wir uns in den Anfängen unserer Entwicklungen ausgesetzt sahen, und dass viele unserer Verhaltensweisen durch natürliche Auslese entstanden, um uns besser in unserer sich ständig verändernden und weiter entwickelnden Umwelt überleben zu lassen. Der Mensch scheint sich in den letzten 100.000 Jahren kaum verändert zu haben, deshalb kann uns die Betrachtung dessen, was für unsere Vorfahren ein vorteilhaftes Verhalten war, einen Einblick in den ursprünglichen Zweck unseres aktuellen Verhaltens geben.

Darwins Theorie der natürlichen Auslese geht davon aus, dass die Lebewesen, die am besten an ihren Lebensraum angepasst sind, überleben, sich fortpflanzen und dabei ihre erfolgreichen Eigenschaften an ihren Nachwuchs weitergeben. Wollen wir den evolutionären Ansatz in der Psychologie verstehen, müssen wir uns zuerst klar machen, wie diese frühe menschliche Umwelt aussah und wie sie sich von unserer heutigen Lebensweise unterscheidet. Wir können davon ausgehen, dass viele unserer heutigen Verhaltensweisen früher einmal vorteilhaft für die Verbreitung unserer Gene und das Überleben in unserer damaligen Umwelt waren.

Das ist ein Konzept, das Richard Dawkins als „egoistisches Gen“ bezeichnete. So erscheint es uns z. B. offensichtlich, dass unser Nachwuchs zur Verbreitung unserer Gene überleben muss. Unsere ihm gegenüber gehegten mütterlichen und väterlichen Gefühle waren diesbezüglich eindeutig von Vorteil. Wesentlich weniger offensichtlich ist jedoch die Frage, warum wir uns dazu entscheiden, anderen zu helfen und selbstlos zu handeln. Welchen evolutionären Vorteil könnte das für uns gehabt haben?

Nun, es liegt womöglich daran, dass die Zusammenarbeit mit anderen, ob sie direkt mit uns verwandt sind oder nicht, langfristig für alle hilfreich ist. Es hilft uns zu überleben, wenn wir mit anderen Mitgliedern unserer Gattung zusammenarbeiten, d. h. selbst Verhalten, das nicht unmittelbar in das Muster des „egoistischen Gens“ passt, wird am Ende durch unsere evolutionäre Vergangenheit beeinflusst. In den Anfängen unserer Entwicklung haben wir vermutlich davon profitiert, unsere Nahrung fair zu verteilen, über Ziele und Strategien zu sprechen, Wissen auszutauschen und unsere Gruppe zu unterstützen. Gruppenmitglieder, die sich in einer derart kooperativen Art und Weise verhielten, hatten einen Vorteil gegenüber den anderen, die es nicht taten. Sie hatten eine größere Wahrscheinlichkeit zu überleben, sich fortzupflanzen und ihre scheinbar selbstlosen Gene an die nächste Generation weiterzugeben.

Die Zukunft auf diesem Gebiet der Psychologie ist sehr aufregend. Es werden zunehmend transportablere Versionen von MRT-Scannern entwickelt, die es uns z. B. auch erlauben, die Gehirne von Patienten auf Schlachtfeldern oder in abgelegenen Krankenhäusern in Entwicklungsländern zu scannen. Forscher an der University of Nottingham arbeiten an der Produktion einer tragbaren Ausrüstung zum Scannen des Gehirns, die es mithilfe von Quantum-Sensoren möglich macht, winzigsten Veränderungen in den elektrischen Impulsen, die unsere Gedanken ausmachen, genau zu erkennen und zu kartieren. Mithilfe von künstlich hergestellten, implantierten Diamanten, die über supraleitende Eigenschaften verfügen, wird es uns vielleicht möglich sein, fehlende oder zerstörte Nervenleitungen zu überbrücken und elektrische Nervenimpulse zu senden, wo der Pfad zuvor unterbrochen war. Das wird es uns eventuell sogar erlauben, neurodegenerative Erkrankungen rückgängig zu machen.

In den letzten Jahren gelang es Wissenschaftlern der University of Cambridge als ersten, Zellen der Großhirnrinde (die „grauen Zellen“ im Gehirn) aus Hautzellen zu züchten. Mithilfe dieser Zellen konnten sie die Entstehung von Krankheiten wie Alzheimer in Echtzeit beobachten. Das ist besonders hilfreich, wenn es um die Entwicklung von Medikamenten zur Bekämpfung dieser Krankheiten geht sowie für die Verbesserung unseres Wissens darüber, wie sich das Gehirn nach einer Verletzung regeneriert. Wissenschaftler der Yale School of Medicine haben diese „Minigehirne“ zudem dazu verwendet zu untersuchen, wie sich die Gehirne von Menschen mit Autismus anders entwickeln als die gesunder Menschen. Unser Wissen über die Biologie unseres Gehirns wird sich in den nächsten Jahrzehnten enorm verbessern, ebenso wie das Wissen in anderen Gebieten der Biologie, und was wir dabei entdecken werden, wird ebenso faszinierend wie beeindruckend sein.

Der psychodynamische Ansatz

Sigmund Freud (1856–1939) ist zweifellos der berühmteste aller Psychologen. Das Bild von Freud bei der Analyse eines auf der Couch liegenden Patienten ist quasi das Sinnbild der Psychotherapie. Auch außerhalb seines Arbeitsumfeldes ist er außerordentlich bekannt, und er hat viele Redewendungen und neue Wortbedeutungen zu unserer Sprache beigetragen. Das Konzept der „Freudschen Fehlleistung“ ist wohlbekannt, und Freud war der erste, der in seinem 1909 erschienen Werk über die Hysterie das Wort „Angst“ zur Beschreibung eines „krankhaften Gemütszustandes“ nutzte.

Trotz seiner wichtigen Beiträge zum Studium des Geistes sind viele der Konzepte und Theorien Freuds heute aus der Mode gekommen. Ihnen wird zum Vorwurf gemacht, androzentristisch zu sein, Repräsentativ eines viktorianischen Verständnisses der Sexualität. Zudem seien viele seiner Theorien nicht zu testen und daher nicht falsifizierbar (d. h., sie können wissenschaftlich weder bewiesen noch widerlegt werden). In diesem Kapitel sehen wir uns einige der großen Theorien Freuds näher an und betrachten den Einfluss, den sie auf das Studium des Geistes hatten.

DER GEIST IST WIE EIN EISBERG, ER SCHWEBT MIT EINEM SIEBTEL SEINER MASSE ÜBER WASSER.

SIGMUND FREUD

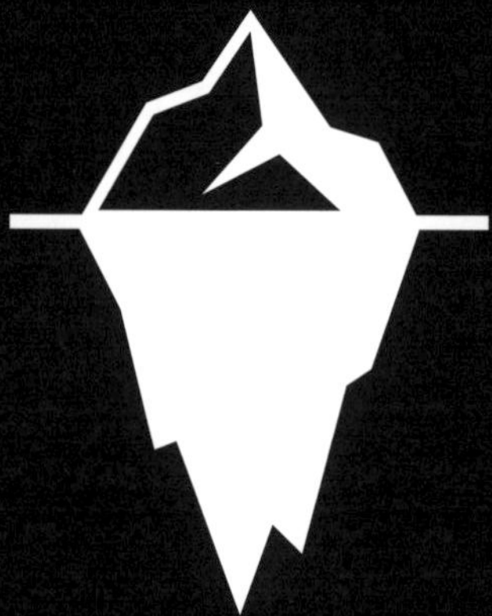

Sigmund Freud wurde am 6. Mai 1856 als ältestes von acht Kindern jüdischer Eltern in Mähren (dem heutigen Tschechien) geboren. Im Jahr 1860 zog die Familie nach Wien, wo sich sein Vater, ein Wollhändler, neue Gelegenheiten zum Unterhalt seiner jungen Familie erhoffte. Freud wollte ursprünglich Anwalt werden und in die Politik gehen, aber kurz nach seinem Schulabschluss wandte er seine Aufmerksamkeit dem Bedürfnis zu, „mehr über die Geheimnisse der Welt zu lernen und vielleicht etwas zu ihrem Verständnis beizutragen".

Mit 17 besuchte er die medizinische Fakultät der Universität Wien, wo er 1877 seine erste Abhandlung veröffentlichte, und zwar über die Geschlechtsorgane von Aalen (vielleicht schon ein erster Hinweis auf einige seine späteren Theorien?). Nach dem Abschluss spezialisierte Freud sich am Wiener Universitätsklinikum auf die Erforschung des Gehirns und des zentralen Nervensystems. Später, als Assistenzarzt in Paris, entwickelte er ein Interesse an der Hypnose zur Behandlung von Hysterie und Neurosen. Im Jahr 1889 eröffnete er seine eigene Praxis, in der er sich auf Nervenleiden spezialisierte. Zehn Jahre später, im Jahr 1896, ermutigte ihn der Tod des Vaters, sich mit seinen eigenen Träumen zu befassen, was 1900 zur Veröffentlichung seines berühmtes Werkes „Die Traumdeutung" führte.

Im Jahr 1902 trat Freud einen Posten als Professor der Neuropathologie an der Universität Wien an, wo er auf viele gleichgesinnte Akademiker traf. Er war Mitglied mehrerer Gruppen, die sich regelmäßig trafen und über die Analyse des Geistes diskutierten. Jeden Mittwoch lud er eine kleine Gruppe Ärzte in seine Wohnung ein und diskutierte mit ihnen über Psychologie und Neuropathologie (cleverer Weise die Psychologische Mittwochs-Gesellschaft genannt). Aus dieser Gruppe entstand später die Wiener Psychoanalytische Vereinigung und noch später die Internationale Psychoanalytische Vereinigung (IPA), die noch heute existiert. Vorsitzender dieser Gruppe waren verschiedene bekannte Psychologen, darunter auch ihr erster Vorsitzender, Carl Jung.

Carl Jung (1875–1961) war ein Schweizer Psychiater und Psychoanalytiker und 19 Jahre jünger als Freud. Die beiden lernten sich 1907 kennen, nachdem Jung einige seiner Arbeiten an Freud geschickt hatte. Nach einem kurzen Briefwechsel reiste Jung nach Wien. Wie es heißt, verstanden die beiden sich auf Anhieb und sprachen bei ihrem ersten Treffen 13 Stunden durchgehend über Psychologie.

Die beiden Männer beschlossen zusammenzuarbeiten und hielten gemeinsam Vortragsreihen ab. Freud sagte oft, Jung sei wie ein Sohn, dem er später einmal die Zügel der Psychoanalyse übergeben könnte (obwohl Freud zu diesem Zeitpunkt schon Frau und sechs Kinder hatte). Im Jahr 1912, während einer Vortragsreise durch Amerika, kam es jedoch zu einem Streit, an dem ihre

Freundschaft zerbrach, nachdem Jung öffentlich Freuds Theorie des Ödipuskomplex' kritisiert hatte. In seinem 1914 erschienen Werk „Zur Geschichte der psychoanalytischen Bewegung“ delegitimierte Freud Jungs Beiträge. Einigen Berichten zufolge kam es jedoch in erster Linie aufgrund unterschiedlicher Ansichten bezüglich der Herangehensweise im psychoanalytischen Ansatz zur Trennung. Andere behaupteten, es gab persönlichere Gründe dafür. Was auch immer am Ende der Grund war – Fakt ist, dass Freuds und Jungs Theorien untrennbar miteinander verwoben sind und viele Ähnlichkeiten aber auch Abweichungen aufweisen, die wir uns in diesem Kapitel genauer ansehen werden.

Der Beginn des Ersten Weltkrieges setzte der Arbeit der IPA und Freuds zunächst ein Ende. Im Jahr 1933 begannen die Nazis, seine Bücher zu verbrennen. Freud floh aus Wien nach London, wo eine Kopie seines Wiener Behandlungszimmers für ihn eingerichtet wurde, damit er weiter arbeiten konnte. Nach dem Krieg konzentrierte Freud sich vor allem auf die Weiterentwicklung seiner Theorien, die er zur Analyse von Kunstwerken und Literatur nutzte. Im Jahr 1939 starb er, 83-jährig, jedoch nicht an seiner Krebserkrankung, sondern an einer Überdosis Morphium, die ihm sein Leibarzt verabreicht hatte. Er hinterließ ein Lebenswerk, das bis heute großen Einfluss auf das Feld der Psychologie und darüber hinaus hat.

Wenn wir Freuds Sicht auf das Verhalten verstehen wollen, müssen wir uns an seine biologische Herangehensweise zur Psychologie erinnern. Als Teenager kaufte Freud eine Erstausgabe von Darwins „Über die Entstehung der Arten“ und war fasziniert vom Konzept der natürlichen Auslese als Mittel der Evolution. Wenn körperliche Merkmale von einer Generation zur nächsten weitervererbt werden konnten, warum dann nicht auch geistige? Freud glaubte, ein Großteil unseres Verhaltens würde auf unbewussten, biologischen Trieben fußen, die von unserem Bewusstsein herbeigeführt würden. Das ist die Basis dessen, was wir als Drei-Instanzen-Modell, bestehend aus dem „Es“, dem „Ich“ und dem „Über-Ich“, kennen.

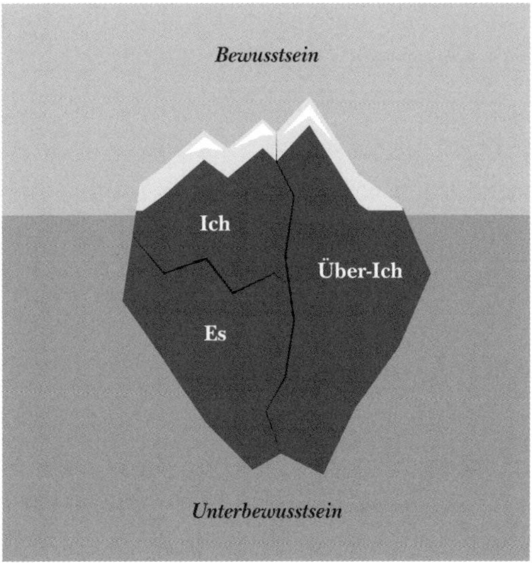

Das **Es** existiert in unserem Unterbewusstsein und repräsentiert unsere instinktiven biologischen Triebe. Es besteht aus zwei Hauptteilen (benannt nach Figuren aus der griechischen Mythologie): Eros, dem Lebenstrieb (oder Sexualtrieb) und Thanatos, dem Todestrieb. Das Es ermutigt uns, impulsiv zu sein, uns zu nehmen, was wir wollen, und zu tun, was wir wollen. Freud glaubte, alle Kinder würden mit voll entwickeltem Es geboren, was sie dazu befähigt, ihre Grundbedürfnisse zum Überleben - wie Nahrung - abzudecken.

Das **Über-Ich** befindet sich ebenfalls überwiegend in unserem Unterbewusstsein, es kann aber unsere bewussten Gedanken beeinflussen. Es repräsentiert die moralischen Prinzipien, die wir im Laufe der Kindheit lernen, d. h., wir werden seiner Ansicht nach nicht mit einem voll funktionsfähigen Über-Ich geboren. Dieses entwickelt sich durch den Umgang mit unserer Familie und der Gesellschaft. Das Über-Ich besteht aus zwei Teilen: dem Gewissen und dem Ich-Ideal. Leben wir nicht nach den idealisierten Moralvorstellungen des Über-Ichs, empfinden wir Schuld und Scham.

Zuletzt ist da noch das **Ich**. Das Ich repräsentiert unser Bewusstsein und vermittelt zwischen den Impulsen des Es und den moralischen Argumenten des Über-Ich. Das Ich wird vom „Realitätsprinzip" beherrscht, d. h. es versucht ständig, realistische Möglichkeiten zu finden, die Forderungen des Es zu befriedigen und dabei in der Gesellschaft normal zu funktionieren. Würden wir allen Forderungen des Es nachgeben, wäre unser Verhalten impulsiv und chaotisch; das Ich sorgt dafür, dass das nicht passiert.

Freud glaubte, das Es und das Über-Ich befänden sich im Unterbewusstsein in ständigem Konflikt in ihren Bemühungen, das Ich zu beeinflussen. Eine psychisch gesunde Person sei in der Lage, zwischen beiden erfolgreich zu vermitteln. Eine psychisch kranke Person habe dagegen vielleicht ein überaktives Es oder Über-Ich, dessen Bedürfnisse sie nicht befriedigen kann. Das Ergebnis ist eine Angststörung oder eine andere psychische Erkrankung. Wir können uns das Es und das Über-Ich leicht als den sprichwörtlichen Teufel und Engel auf den Schultern vorstellen, den man so häufig in Comiczeichnungen sieht. Hat einer von beiden mehr Macht als der andere, bleibt das Ich verwirrt und hilflos zurück.

Das Ich muss sich vor den manchmal überzogenen Forderungen des Es und des Über-Ich schützen und hat dafür bestimmte Schutzmechanismen. Freud glaubte, wir seien uns dieser Mechanismen nicht bewusst, aber mithilfe von Therapien wie der Traumanalyse könne man sie aufdecken. Wenn man Ihnen schon einmal gesagt hat, dass Sie etwas nicht wahrhaben wollen oder dass Sie ein Gefühl unterdrücken, haben Sie sicher schon von einigen dieser Mechanismen gehört. In der folgenden Tabelle haben wir vier Beispiele der häufiger auftretenden Schutzmechanismen aufgezeigt; es gibt jedoch noch weitere.

SCHUTZ-MECHANISMUS	BESCHREIBUNG	BEISPIEL
Repression	Traumatische oder verstörende Gedanken werden aus dem Bewusstsein verdrängt	Sich nicht an Misshandlungen oder Mobbing in der Kindheit erinnern können
Weigerung	Der Geist weigert sich, die Realität oder Tatsachen zu akzeptieren, und der Mensch macht weiter, als würde die Realität oder die Tatsache nicht existieren	Die Weigerung zu akzeptieren, dass man an einer tödlichen Krankheit leidet
Projektion	Die inakzeptablen Gedanken einer Person werden einer anderen Person zugeschrieben	Sich vorstellen, dass man mit jemandem nicht zurechtkommt, weil derjenige einen hasst, wenn man in Wirklichkeit selbst derjenige ist, der den anderen hasst
Verlagerung	Inakzeptable Gedanken oder Impulse werden auf ein anderes, weniger bedrohliches Objekt oder eine Person verlagert	Eine Tasse zu zerschmettern, anstatt die Person zu schlagen, mit der man gerade streitet

Wir werden zwar mit einem voll entwickelten Es geboren, unser Ich und das Über-Ich entwickeln sich aber im Laufe des Lebens weiter. Freud glaubte, sie würden sich entwickeln, während wir sogenannte „psychosexuelle Phasen" durchlaufen, wobei uns unsere Eltern begleiten. Freud nannte sie psychosexuelle Phasen, weil er glaubte, sie seien an die Entwicklung unseres Sexualtriebes, oder Libido, gekoppelt. Bleiben wir in einer Phase stehen, so kann dies unser Verhalten als Erwachsener beeinflussen. Entwickelt jemand z. B. in der oralen Phase eine Fixation, so kaut er vielleicht später an den Fingernägeln. Laut Freud sind wir uns nicht bewusst, dass wir diese Phasen durchlaufen, da die Mechanismen in unserem Unterbewusstsein ablaufen.

PHASE	EROGENE ZONE	SCHLÜSSELERLEBNIS	PROBLEME DER FIXATION
Oral **0–1 Jahr**	**Mund**	**Saugen, kauen und beißen, gestillt und abgestillt werden**	**Rauchen, Nägel kauen und Fressgier**
Anal **1–3 Jahre**	**After**	**Urinieren und Darmentleerung, Toilettentraining**	**Extrem unordentlich oder extrem kontrollierend**
Phallisch **3–6 Jahre**	**Genitalien**	**An den Geschlechtsteilen spielen, Ödipus- oder Elektrakomplex (s. S. 37) erleben**	**Eifersucht, Selbstsucht und krankhafte sexuelle Gelüste**
Latenz **6–12 Jahre**	**Keine**	**Sich ein Verständnis der Welt aneignen**	**Keine Fixationen in dieser Phase**
Genital **ab 12 Jahre**	**Genitalien**		**Keine Fixationen in dieser Phase**

Freuds Theorien bezüglich der phallischen Phase sind besonders interessant. In dieser Phase beginnen Kinder, die Unterschiede zwischen den Geschlechtern zu entdecken, und unsere Eltern sollen uns dabei helfen, mit einem von zwei recht kontroversen Komplexen fertig zu werden: dem Ödipuskomplex bei Jungen und dem Elektrakomplex bei Mädchen. Im Zuge des Ödipuskomplex' wünschen sich Jungen, ihre Mütter für sich zu haben und ihre Väter zu ersetzen. Sie sehen die Väter als Rivalen an, haben aber gleichzeitig Angst, von ihnen dafür bestraft zu werden. Man nennt das auch Kastrationsangst.

Während des Elektrakomplexes (ein Konzept, das zuerst von Freuds Zeitgenossen Carl Jung eingeführt und dem von Freud widersprochen wurde), leidet ein Mädchen angeblich an „Penisneid". Sie bemerkt, dass sie keinen Penis hat, während die männlichen Mitglieder ihrer Familie einen besitzen, und sie wünscht sich, auch einen Penis zu haben. Freud glaubte, die logische Schlussfolgerung des Mädchens müsse darin liegen, dass die Mutter ihren Penis - den des Mädchens - abgeschnitten habe. Sobald dem Mädchen klar wird, dass es für sie nicht möglich ist, einen Penis zu bekommen, unterdrückt sie ihre Wut gegen ihre Mutter und ersetzt ihren Wunsch nach einem Penis durch den Wunsch nach einem Baby.

Durchläuft ein Junge erfolgreich die phallische Phase und löst den Ödipuskomplex auf, beginnt er, den Vater zu imitieren und typisch männliche Verhaltensweisen an den Tag zu legen. Mädchen hingegen überwinden ihren Penisneid, laut Freud, niemals vollständig. Dieser Punkt wurde von der deutschen Psychoanalytikerin **Karen Horney** (1885–1952) aufs Schärfste kritisiert. Sie empfand das Konzept als beleidigend, dass Frauen durch ihren Neid auf die männlichen Genitalien definiert werden sollten. Sie verwarf Freuds Konzept vom Penisneid und behauptete stattdessen, dieser sei ein Produkt unangebrachten „männlichen Narzissmus'".

Jung stimmte auch Freuds Theorie vom Ödipuskomplex nicht zu. Er hielt sie für „unnötig negativ" und unvollständig. Während Freud und Jung sich zwar einig waren, dass unser Unterbewusstsein unser Verhalten beeinflusst und frühere Erfahrungen unterdrückt werden können, glaubte Jung, dass zukünftige Bestrebungen ebenfalls unser Verhalten beeinflussen können, und dass die Libido nicht nur der sexuellen Befriedigung zugrunde liegt, sondern von einer Reihe von Verhalten motiviert sein kann.

Während Jung zustimmte, dass die menschliche Psyche aus dem Es und dem Unterbewusstsein zusammengesetzt sei, war er der Ansicht, dass mehr hinter dem Unterbewusstsein steckte, als Freud es beschrieb. Jung glaubte, neben unserem persönlichen Unterbewusstsein (mit den zeitweise vergessenen Informationen und den unterdrückten Erinnerungen unserer Vergangenheit) gäbe es auch eine Art kollektives Unterbewusstsein, das sich alle Menschen teilen. Seiner Aussage nach enthält es die angeborenen Erinnerungen unserer Vorfahren, Bilder und Gedanken, die aufgrund unseres evolutionären Ursprungs eine menschliche Psyche formen. Er nannte sie die „Archetypen".

Jung nutzte das Konzept der angeborenen, universalen und vererbten Archetypen zur Erklärung gewöhnlicher menschlicher Konzepte, die verschiedene Kulturen umfassen, wie etwa Religion und Moralität. Einige Beispiele können auch gemeinsame Phobien sein, wie die Angst vor Spinnen. Jung glaubte, es existierten eine unbegrenzte Anzahl an Archetypen, vertrat aber gleichzeitig die Ansicht, es gäbe vier Haupttypen, die im Folgenden zusammengefasst sind.

Die Persona

Abgeleitet vom lateinischen Wort für „Maske", repräsentiert dieser Archetyp die verschiedenen - bildlich gesprochen - sozialen Masken, die wir in unterschiedlichen Situationen aufsetzen. Kinder lernen, dass man von ihnen erwartet, sich in verschiedenen sozialen Situationen unterschiedlich zu verhalten. Dieser Archetyp erlaubt uns also die Anpassung an unsere Umwelt.

Der Schatten

Der Schatten ähnelt in vieler Hinsicht dem Es, indem er unsere primitiven Sexual- und Lebensinstinkte beinhaltet. Er enthält all die Begierden, die in der Gesellschaft allgemein und in unserer eigenen Moralität inakzeptabel sind. Jung glaubte, dieser Archetyp existiere im Unterbewusstsein, manifestiere sich aber in Träumen in Form von Monstern oder Dämonen.

Anima/Animus

Dieser Archetyp ist mit unserem biologischen Geschlecht gekoppelt, wobei Anima die weiblichen Aspekte der männlichen Psyche repräsentiert und Animus die männlichen Aspekte der weiblichen Psyche. Dieser Archetyp wird sowohl vom gemeinschaftlichen Unterbewusstsein als auch von der geschlechtsspezifischen Sozialisierung als Kind beeinflusst. Jung argumentierte, dass es sich negativ auf die psychische Entwicklung eines Menschen auswirke, wenn es ihm nicht erlaubt wäre, die gegengeschlechtlichen Aspekte der Psyche zu untersuchen.

Das Ich

Dieser Archetyp repräsentiert die vereinte Psyche, indem er sowohl das Bewusstsein als auch das Unterbewusstsein umfasst. Das Ich ist das Zentrum der menschlichen Persönlichkeit, während Freud das Ich als Zentrum des Bewusstseins ansah.

Die Vorgehensweisen Freuds und Jungs unterscheiden sich auch noch in anderen Bereichen. Zum Beispiel betonte Jung die Bedeutung der „Parapsychologie" und „übersinnlicher Phänomene", während Freud der Ansicht war, es würde die Psychoanalyse in ein schlechtes Licht rücken und von der wissenschaftlichen Gemeinschaft ablenken, würde man versuchen solche Erfahrungen zu erklären. Trotz ihrer späteren Meinungsverschiedenheiten hatten sowohl Freud als auch Jung einen unermesslichen Einfluss auf unser Verständnis der Psychologie und die Entwicklung zukünftiger Theorien.

Es ist jedoch wichtig darauf hinzuweisen, dass ihre Theorien im viktorianischen Zeitalter entstanden, wo die Stereotypen von der Mutter als fürsorglicher Betreuerin und dem Vater als Ernährer der Familie der Norm entsprachen. Man ging schlicht davon aus, dass heterosexuelle Beziehungen „normal“ und funktionell seien, und dass es das sei, wonach alle Männer und Frauen streben sollten. Weiterhin müssen wir bedenken, dass Freuds Theorien die männliche Perspektive sowohl der männlichen als auch der weiblichen Psychologie repräsentieren, und dass viele seiner Theorien nicht falsifizierbar sind. Trotz dieser offensichtlichen Mängel ist der Einfluss von Freuds und Jungs Theorien auf das Studium der Psychologie unbestritten. Freud war einer der ersten, der den Zusammenhang zwischen kindlichen Erfahrungen und erwachsenem Verhalten darstellte und er war ebenfalls einer der ersten, der unser Verhalten mit unseren angeborenen, biologischen Trieben in Zusammenhang brachte. Insgesamt lieferte Freud eine manchmal wunderliche aber letztendlich doch bahnbrechende Analyse des menschlichen Geistes.

Der behavioristische Ansatz

Wie auch immer unsere Erinnerungen aussehen – laut dem behavioristischen Ansatz lernen wir die meisten unserer Lektionen nicht in der Schule. Ein Verhaltenspsychologe wird immer davon ausgehen, dass unser aktuelles Verhalten das Ergebnis all unserer vorherigen Erfahrungen sei. Diese Erfahrungen haben uns gelehrt, was wir tun (oder fühlen) sollen, basierend auf Beobachtung, Nachahmung und möglicherweise Bestärkung oder Bestrafung. Diese Herangehensweise an das Studium des Verhaltens hat uns viel über die Art und Weise gelehrt, wie Menschen und Tiere lernen. Sie hat auch zur Entwicklung äußerst wirksamer Behandlungsmethoden für Phobien beigetragen und wird in einem breit gefächerten Feld eingesetzt, wie der Ausbildung von Tieren, der psychologischen Führung in der Pädagogik sowie der Sportpsychologie. In diesem Kapitel schauen wir uns die Theorien über die Frage, wie wir aus Erfahrungen lernen, genauer an.

ERZIEHUNG IST DAS,
WAS ÜBRIG BLEIBT, WENN
MAN VERGESSEN HAT,
WAS MAN GELERNT HAT.

B. F. SKINNER

In den 1890er-Jahren stieß **Ivan Pawlow** (1849–1936) bei einem Experiment, das als eines der bekanntesten psychologischen Experimente aller Zeiten in die Geschichte eingehen sollte, zufällig auf eine entscheidende Lerntheorie. Er führte eine Reihe ethisch zweifelhafter physiologischer Experimente zur Untersuchung des Verdauungssystems bei Hunden durch (wofür er 1904 den Nobelpreis erhielt). Bei einem dieser Versuche maß er die Menge an Speichel, die ein Hund produziert, wenn ihm Nahrung präsentiert wird. Er maß dies sehr genau, indem er die Speicheldrüsen der Hunde anbohrte und Kanülen mit einer angefügten Phiole implantierte, die den gesamten Speichel auffingen. Die Speichelbildung ist ein Beispiel für eine Reflexhandlung, eine Reaktion, die die Hunde weder erlernt hatten noch kontrollieren konnten – es geschah einfach immer, wenn sie das leckere Fleischpulver sahen, das ihnen ihre Pfleger brachten. Es schien jedoch, als würden die Hunde auch bei anderen Hinweisen auf ihre bevorstehende Mahlzeit sabbern, z. B. bei den Schritten ihrer Pfleger oder dem Anblick eines weißen Laborkittels. Während jeder Tierbesitzer bestätigen kann, dass das leiseste Rascheln der Leckerlitüte eine enthusiastische Reaktion des eben noch tief schlafenden und keineswegs sabbernden Labradors hervorruft, so war es Pawlow, der mithilfe wissenschaftlicher Methoden Ursache und Wirkung dieses Vorganges erklären konnte. Er nutzte die Gelegenheit, um zu erforschen, wie wir lernen, eine Sache mit einer anderen zu assoziieren, oftmals ohne uns dessen bewusst zu sein. Man nennt das „Klassische Konditionierung" – lernen durch Assoziation. Bei der Klassischen Konditionierung werden zwei Stimuli immer wieder miteinander verbunden, bis sie miteinander assoziiert werden. Nach und nach wird so eine Reaktion, die zunächst nur mit einem Stimulus verbunden war, mit beiden assoziiert.

Ein Beispiel: In Pawlows Fall gab es zwei Stimuli. Einer war unkonditioniert: das Essen. Er nannte ihn „unkonditioniert", weil die Hunde darauf reagierten, ohne es gelernt zu haben (bzw. darauf konditioniert worden zu sein). Der unkonditionierte Stimulus führte zu einer unkonditionierten Reaktion: dem Sabbern. Der zweite Stimulus war ein Summer, der so genannte „neutrale" Stimulus. Er nannte ihn neutral, weil dieser bisher nicht mit dem anderen Stimulus assoziiert wurde. Als nächstes verband Pawlow die beiden Stimuli immer wieder miteinander, Essen und Summer, bis den Hunden klar wurde, dass das Geräusch des Summers die Ausgabe von Essen bedeutete. Nachdem diese Assoziation hergestellt worden war, begannen die Hunde allein beim Geräusch des Summers zu sabbern, ohne daraufhin Essen zu bekommen. Das Sabbern nannte Pawlow eine „konditionierte Reaktion", weil die Hunde konditioniert worden waren, den Summer mit Essen zu assoziieren und dementsprechend mit Sabbern darauf zu reagieren.

Die Klassische Konditionierung kommt sowohl bei Menschen als auch bei Tieren immer wieder vor, ohne dass wir uns dessen bewusst sind. Das ist z. B. einer der Gründe, warum Menschen beim Fernsehen oft Hunger bekommen oder warum der Labrador gelernt hat, das Rascheln der Tüte mit einem köstlichen Leckerli zu verbinden. Bei der Ausbildung von Tieren kann uns das zum Vorteil gereichen, es kann aber auch ein echter Nachteil sein, wenn wir z. B. versuchen, uns schlechte Angewohnheiten abzutrainieren.

In dem untenstehenden Diagramm haben wir eine Glocke als neutralen Stimulus eingezeichnet, wie es bei Diagrammen über die Pawlowschen Experimente üblich ist. Tatsächlich hat er aber einen Summer oder ein Metronom verwendet. Aufgrund einer falschen Übersetzung, die irgendwann passierte, lernen die meisten Menschen fälschlicherweise, dass das Experiment mit einer Glocke durchgeführt wurde.

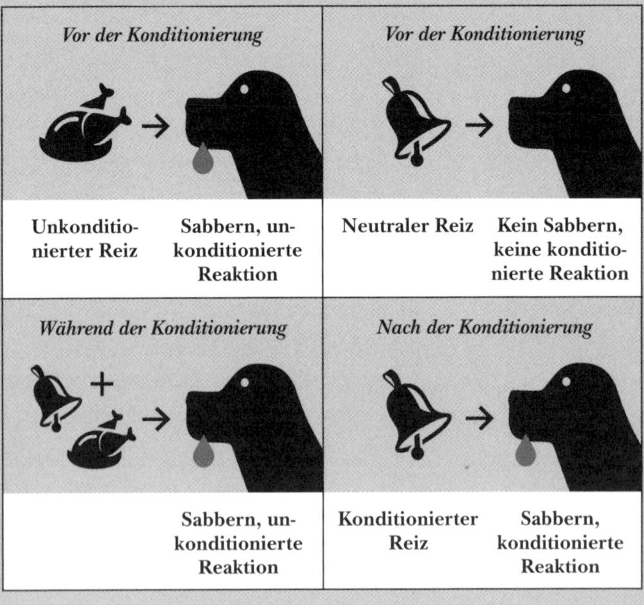

MENSCHEN KONDITIONIEREN

Im Jahr 1920 baute **John B. Watson** (1878-1958) auf Pawlows Arbeit auf, indem er untersuchte, ob sich die Prinzipien auch auf Menschen anwenden ließen. In einer kontroversen Studie, durchgeführt mit seiner Kollegin Rosalie Rayner (die er später heiratete), wurde ein Kleinkind, in der Studie Albert B. genannt, absichtlich darauf konditioniert, sich vor Kleintieren zu fürchten.

Albert B. (von dem wir heute wissen, dass er tatsächlich Douglas Merritte hieß) war der neun Monate alte Sohn einer Amme, die im selben Krankenhaus wie Watson und Rayner arbeitete. Die Berichte sind sehr unterschiedlich - einige gehen davon aus, dass Alberts Mutter nicht genau wusste, was ihr Kind durchmachte - aber neuesten Beweisen zufolge erlaubte sie bewusst seine Teilnahme an der Studie, weil Watson und Rayner ihr versichert hatten, sie hätten die Möglichkeit, die Konditionierung wieder unwirksam zu machen.

Albert wurde einer Reihe verschiedener Gegebenheiten ausgesetzt, angefangen mit einigen unterschiedlichen Objekten, um zu sehen, wie er darauf reagierte und sich vorher zu versichern, dass er seelisch gefestigt war. Dazu gehörten verschiedene Tiere (eine weiße Ratte, ein Kaninchen, ein Hund, ein Affe), Masken mit und ohne Haaren, Wolle, brennende Zeitungen und andere

Dinge. Albert reagierte ganz normal und zeigte keine Anzeichen von Angst, was darauf hindeutete, dass jegliche Angstreaktionen, die er in späteren Wochen zeigte, aufgrund der erschreckenden Maßnahmen auftraten, denen er ausgesetzt werden sollte. Tatsächlich hatten Watson und Rayner Albert speziell wegen seines „phlegmatischen, nüchternen Gemütes" ausgewählt.

Mit elf Monaten wurde Albert zurück ins Krankenhaus gebracht. Dieses Mal zeigte man Albert die weiße Ratte. Als er die Hand ausstreckte, um mit ihr zu spielen, schlugen Watson und Rayner direkt hinter ihm mit einem Hammer auf eine Stahlstange, sodass ein lautes Geräusch entstand. Das Geräusch flößte Albert Angst ein. Er begann zu weinen und sich von der Ratte weg zu bewegen. Dieser Prozess wurde im Laufe der nächsten Wochen ständig wiederholt, bis Albert eine Verbindung zwischen der weißen Ratte und dem lauten Geräusch herstellte. Schließlich assoziierte der Junge die Ratte mit dem unangenehmen Geräusch und schreckte zurück, wendete sich ab und begann zu weinen, wenn man ihm die Ratte zeigte. In den folgenden Wochen untersuchten Watson und Rayner Albert weiter und stellten dabei fest, dass er nun auch Angst vor Dingen zeigte, die der weißen Ratte ähnelten, z. B. einem Pelzmantel oder einem weißen Bart. Sie führten die meisten ihrer Experimente in einer gut beleuchteten Dunkelkammer (einer Dunkelkammer, wie man sie zum Entwickeln von Fotos oder Röntgenbildern nutzte) durch, stellten aber fest, dass er diese Dinge auch dann noch fürchtete, wenn sie ihn in einen anderen Raum brachten (z. B. einen großen, hellen Hörsaal). Das zeigte, dass Albert seine Angst generalisiert hatte. Weiterhin stellten sie fest, dass er auch dann noch Angst zeigte, wenn er die Objekte einen Monat nicht gesehen hatte. Er hatte aber in diesen beiden Situationen nicht mehr ganz so viel Angst wie vorher.

Albert und seine Mutter zogen weg, bevor die Untersuchungen abgeschlossen werden konnten, und so hatten Watson und Rayner auch nie die Chance, die Konditionierung wieder umzukehren. Man geht heute davon aus, dass Albert jung an einer Enzephalitis starb, deshalb wissen wir nicht, wie lange seine Angstkonditionierung anhielt und ob sich daraus eine lebenslange Phobie hätte entwickeln können. Wir wissen aber aus unzähligen anderen Studien, dass eine erlernte Reaktion verallgemeinert und auf andere Situationen und Objekte übertragen werden kann (wenn Ihnen die Bewegungen einer Spinne Angst machen, so tun dies vielleicht auch die Bewegungen einer Krabbe); die Angst kann aber auch im Laufe der Zeit von selbst wieder vergehen.

Man geht heute davon aus, dass sich aus solchen erlernten Reaktionen Phobien entwickeln können – dauerhafte, irrationale Angstzustände, die einen im Alltag behindern. Mithilfe der systematischen Desensibilisierung, können Psychologen diese Ängste behandeln und Patienten helfen, ihre Reaktion auf bestimmte Stimuli neu zu lernen. Dabei wird eine erlernte Reaktion (z. B. Angst) durch eine andere, weniger aufreibende (z. B. Entspannung) ersetzt.

SYSTEMATISCHE DESENSIBILISIERUNG

Während der systematischen Desensibilisierung wird die fragliche Phobie in unterschiedliche Stufen oder Schritte heruntergebrochen, die für den Patienten zunehmend angsteinflößend werden (eine Desensibilisierungshierarchie), und jede Stufe wird mit einer Entspannungsübung gepaart, z. B. dem kontrollierten Atmen. Nehmen wir die Angst vor Spinnen, so könnten die Stufen wie folgt aussehen:

1. Berühren Sie das Foto einer Spinne, während Sie eine Entspannungsübung durchführen.
2. Seien Sie im selben Raum mit einer Spinne, während Sie eine Entspannungsübung durchführen.
3. Berühren Sie eine tote Spinne, während Sie eine Entspannungsübung durchführen.
4. Stehen Sie neben einer lebenden Spinne, während Sie eine Entspannungsübung durchführen.
5. Berühren Sie eine lebende Spinne, während Sie eine Entspannungsübung durchführen.
6. Halten Sie eine lebende Spinne, während Sie eine Entspannungsübung durchführen.

Nach und nach lernt der Patient so, den angsteinflößenden Stimulus (in diesem Fall die Spinne) mit einer neuen Reaktion zu verknüpfen: dem Gefühl der Entspannung. Dank eines Konzeptes, das wir gegenseitige Hemmung nennen (die Unfähigkeit, gleichzeitig zwei gegensätzliche Emotionen – z. B. Angst und Entspannung – zu fühlen), wird der Patient in Anwesenheit seines phobischen Stimulus nicht länger Angst haben.

Die Vorteile bei dieser Behandlung liegen darin, dass jede Stufe mit dem Patienten abgestimmt wird; er legt sein Limit fest und kann, falls nötig, jederzeit zu einer früheren Stufe zurückkehren. Das erneute Lernen einer Reaktion auf einen Stimulus hat eine höhere Erfolgsquote als andere Behandlungsmethoden, wie die Reizüberflutung (bei der der Patient massiv mit den angstauslösenden Reizen konfrontiert wird), es funktioniert aber nicht bei jedem und eignet sich auch nicht für jede Art Phobie.

Im Jahr 1938 schlug der amerikanische Psychologe (und spätere Harvard-Professor) **B. F. Skinner** (1904–1990) eine neue Lerntheorie vor, die sogenannte „instrumentelle und operante Konditionierung“. Er theoretisierte, dass wir neue Verhaltensweisen auf der Basis lernen, ob wir dafür bestraft oder belohnt werden. Verhalten, auf das sofort eine positive Reaktion folgt, wird meist wiederholt, während es bei einer negativen Reaktion ganz unterlassen oder zumindest abgeschwächt wird.

Vielleicht haben Sie früher in der Schule einmal ein besonders schönes Diagramm gezeichnet, und der Lehrer hat Ihnen dafür Extrapunkte oder ein Sternchen gegeben oder Sie einfach nur verbal gelobt, sodass Sie Ihr Verhalten wiederholt und zukünftig mit Begeisterung Diagramme erstellt haben. Vielleicht hatten Sie auf der anderen Seite einmal ihre Hausaufgaben nicht rechtzeitig fertig (womöglich hat sie ja einer von Pawlows Hunden gefressen) und Sie mussten nachsitzen. Als Resultat daraus haben Sie seitdem jeden Abgabetermin akribisch genau eingehalten. Vielleicht ist Ihnen das Lob, das Sie für ein Halbjahr ohne Fehltage erhalten haben, heute nicht mehr so wichtig, aber die Aussicht auf eine Beförderung oder einen Bonus bei der Arbeit begeistert Sie? Es ist das gleiche System, nur in unterschiedlichen Altersgruppen (obwohl, würden unsere Chefs auf Arbeit Sternchen verteilen, würden wir vielleicht nicht so viel Zeit an der Kaffeemaschine verbringen!).

Bis Anfang Zwanzig hatte Skinner eigentlich wenig Interesse an Psychologie. Damals las er eine Abhandlung von H. G. Wells, die im „Time Magazin“ erschienen war. Es ging darin um Ivan Pawlow und seine Experimente zur Klassischen Konditionierung, und sie lobte seine systematische Studie der menschlichen Reflexe. Pawlow wurde zu Skinners Idol. Im August 1929, mit 25 Jahren, hatte er das Glück, eine Vorlesung Pawlows an der Harvard Medical School zu besuchen, wo er ein signiertes Foto seines Idols kaufte. Dieses Foto trug er sein ganzes Leben lang bei sich und hängte es in seinen verschiedenen Büros auf, bis es endlich in seinem Haus in Cambridge ein endgültiges Zuhause fand. Im Jahr 1979 schrieb Skinner über seine Studentenzeit: „Ich begann, eine Bücherei zusammenzutragen, angefangen mit Bertrand Russells „Philosophie des Abendlandes", John B. Watsons „Behaviorismus" und I. P. Pawlows „Konditionierte Reflexe" – die Bücher, von denen ich glaubte, sie würden mich auf eine Karriere in der Psychologie vorbereiten".

Skinner ist vor allem für die Entwicklung seiner Theorie durch die Zusammenarbeit mit Ratten bekannt, die mit Leckerli dafür belohnt wurden, wenn sie einen Hebel drückten. Im Zweiten Weltkrieg arbeitete er am Project Orcon mit. Bei diesem ambitionierten Projekt sollte seine Theorie der operanten Konditionierung dazu eingesetzt werden, Raketen mithilfe von konditionierten Tauben zu steuern. Bei der belohnungsbasierten operanten Konditionierung lernten die Tauben, nach bestimmten Symbolen auf einem Bildschirm zu picken. Ziel war es, sie in die Nase einer Rakete zu setzen und diese mithilfe von Symbolen zu einem bestimmten Ziel zu steuern. Unglücklicherweise für Skinner (aber zum Glück für die Tauben) wurden stattdessen elektronische Leitsysteme verbessert und erbrachten verlässliche Ergebnisse.

Pawlow und Skinner waren da zwar etwas auf die Spur gekommen, sie hatten aber nicht in Betracht gezogen, dass wir auch Dinge lernen, wenn wir einfach nur andere Menschen beobachten. Auch richteten sie ihre Aufmerksamkeit nicht auf die Prozesse, die zwischen Reiz und Reaktion abliefen. Hier kommt nun **Albert Bandura** (1925-2021) ins Spiel, der 1977 identifizierte, dass wir ununterbrochen das Verhalten anderer beobachten. Diejenigen, mit denen wir uns besonders identifizieren, nennen wir „Modelle" - hier sind aber nicht die unverschämt gut aussehenden Menschen gemeint, obwohl man die Theorie auch auf Argumente für eine realistische Repräsentation in der Werbung anwenden kann, insbesondere, wenn wir z. B. ein positives Körpergefühl bei Teenagern entwickeln wollen.

Bandura führte eine Reihe von Versuchen durch, bei denen er bewies, dass Kinder, die beobachteten wie ein erwachsenes „Modell" eine Bobo-Puppe schlägt (ein aufblasbarer Clown, der vor und zurück pendelt, wenn man ihn schlägt), dazu neigten, das aggressive Verhalten zu kopieren. Sahen sie hingegen, wie die Erwachsenen die Puppe freundlich behandelten, taten sie das Gleiche. Hoch interessant war dabei, dass dieses Verhalten besonders vorherrschend war, wenn das Modell das gleiche Geschlecht hatte wie das Kind. Sahen die Kinder zudem, wie das Modell für sein Verhalten belohnt wurde, waren sie noch mehr geneigt, sein Verhalten zu imitieren.

Wahrscheinlich haben Sie einmal miterlebt, wie Ihre Eltern Ihren Bruder oder Ihre Schwester für gutes Verhalten gelobt haben und haben dieses Verhalten dann selbst kopiert. Vor Banduras Forschung glaubte man, es sei befreiend, aggressives Verhalten im Fernsehen oder beim Sport zu beobachten; es würde uns quasi von unseren eigenen aggressiven Trieben „reinigen". Nun kamen neue Bedenken darüber auf, welche Rolle das Fernsehen bei der Entwicklung des kindlichen Geistes spielen könnte.

Wenn Sie diese Theorien betrachten, fällt Ihnen sicher ein eigenes Verhalten ein, das mit einem neutralen Stimulus gekoppelt ist oder durch eine Belohnung verstärkt wurde bzw., ein Verhalten, das Sie vermeiden, nachdem Sie gesehen haben, wie jemand anderes dafür bestraft wurde. Vielleicht wissen Sie gar nicht mehr genau, warum Sie nicht auf die Fugen im Pflaster treten oder zur Prüfung absichtlich Ihre Glückshose anziehen, aber die Tatsache, dass dieses Verhalten das Gefühl der Sorge zumindest mildert, sorgt dafür, dass Sie es weiterhin tun.

Einige Psychologen sind der Ansicht, wir könnten anhand der Verhaltenstheorie erklären, warum wir manche Nahrungsmittel mögen und andere nicht: Vielleicht gab es ja mal ein Ereignis, als es nicht gut war, die abgelaufenen Krabben noch zu essen, und nun koppelt Ihr Gehirn das Gefühl der Übelkeit mit Ihrer ehemaligen Leibspeise. Manche erlernten Verhaltensweisen sind jedoch weniger offensichtlich und können dazu genutzt werden, uns zu manipulieren. Die Zeit, die Sie beim Posten in den sozialen Medien verbringen, assoziieren Sie wahrscheinlich mit den positiven Konsequenzen von Zustimmung und Aufmerksamkeit, was zu deren Wiederholung führt - vielleicht zum Nachteil von anderen Aktivitäten. Dieses Beispiel hat Ähnlichkeit mit denen aus der Suchtpsychologie, ebenso wie dem Studium und der Behandlung von Phobien. Was macht eine Belohnung besser als eine andere? Wodurch geht ein einmal eingeprägtes Verhalten wieder verloren? Unser Verhalten ist komplex - ist es zu vereinfacht zu sagen, dass wir es einfach gelernt haben?

Weil Verhaltenspsychologen daran interessiert sind, Ursache und Wirkung zu erforschen, gilt sie als eine der traditionell eher wissenschaftlichen Gebiete der Psychologie, in dem man eindeutige Variablen festlegen und Reaktionen einfach messen kann. Sie untersuchen, wie ein Umgebungsreiz eine behavioristische Reaktion auslöst. Was sie jedoch nicht betrachten, ist das, was zwischen diesen beiden Punkten passiert – die Gedankengänge, die dieses Verhalten herbeiführen. Was uns zum nächsten Kapitel führt ...

Der kognitive Ansatz

Verhaltenspsychologen reagierten auf die subjektiven Ergebnisse des psychodynamischen Ansatzes, indem sie das Verhalten auf sehr objektive, wissenschaftliche Weise studierten. Sie konzentrierten sich auf die Manipulation eines Reizes und die Beobachtung der Reaktion; sie maßen Ursache und Wirkung durch direkte Beobachtungen. Ihre Methoden erlauben es uns aber nicht, die Denkprozesse hinter unseren Handlungen zu betrachten. Als Reaktion darauf kam der kognitive Ansatz auf. Kognitionspsychologen wollten mehr als nur Reiz und Reaktion zu beobachten: sie suchten nach Erklärungen, was dazwischen geschah. In diesem Kapitel schauen wir uns an, wie in diesem Gebiet der Psychologie wissenschaftliche Methoden dazu verwendet werden zu verstehen, was zwischen dem beobachtbaren Reiz und der darauf folgenden Reaktion in unserem Kopf geschieht.

Die Forschung im Bereich der kognitiven Psychologie (oder Kognitionspsychologie) betrachtet ein weites Feld an Vorgängen, die wir in unserem Alltag gar nicht weiter beachten - würden sie plötzlich nicht mehr funktionieren, würden wir das aber sehr wohl merken! In diesem Bereich der Psychologie versuchen wir die höheren Denkprozesse zu verstehen, die uns zu dem machen, der wir sind, z. B. wie wir Sprache nutzen, Probleme lösen oder Erinnerungen schaffen.

Unser Gehirn erhält jede Menge Informationen aus der Umgebung (auch als „externe Reize“ bezeichnet), und manche Kognitionspsychologen gehen davon aus, dass das Gehirn diese Informationen wie ein Computer verarbeitet, d. h. es bekommt Input (externe Reize), verarbeitet diese (Erkennen) und produziert dann den entsprechenden Output (Verhalten oder Gefühle). Das Gehirn kodiert effizient Informationen, greift auf Dateien zurück und speichert neue ab, während es gleichzeitig priorisiert, welche Vorgänge Vorrang haben und welche im Hintergrund ablaufen oder ignoriert werden können. Beim kognitiven Ansatz betrachteten wir, wie diese Systeme funktionieren und was passiert, wenn sie es nicht tun.

Eine Erklärung zu finden, wie sich diese Denkprozesse entwickeln, war die Lebensaufgabe des Psychologen **Jean Piaget** (1896–1980). Der in der Schweiz geborene Piaget war schon als Kind von Biologie und der Natur fasziniert. Er war gerade zehn Jahre alt, als sein erster Artikel veröffentlicht wurde, die Beschreibung eines Albino-Sperlings. Noch vor seinem 18. Geburtstag wurden mehrere seiner Abhandlungen über Schalentiere in wissenschaftlichen Fachzeitschriften veröffentlicht. Piaget studierte Zoologie an der Universität von Neuchâtel, bevor an der Universität Zürich eine Stelle in Eugen Bleulers psychiatrischem Institut annahm. Dort entwickelte er ein Interesse an der Psychologie, das 1919 zu einem Studium der klinischen Psychiatrie an der Sorbonne in Paris führte. Piaget war zudem sehr an einem Gebiet der Philosophie interessiert, das man Epistemologie oder Erkenntnistheorie nennt (das Studium des Zustandekommens von Wissen und Überzeugungen). Diese Kombination aus Interessen und Erfahrungen führte ihn schließlich zur Entwicklung von Lerntheorien (in denen Biologie und Psychologie vereint werden und die sich auf die Frage konzentrieren, wie wir Wissen erwerben), die noch heute Einfluss haben.

Im Jahr 1920 arbeitete Piaget in den Laboren der berühmten Psychologen Alfred Binet und Theodore Simon in Paris. Binet und Simon wurden von der französischen Regierung finanziert. Sie forschten nach Methoden, Kindern mit Lernschwierigkeiten zu helfen. Dabei entwickelten sie die standardisierte IQ-Testung; ihr erster Intelligenztest (der Binet-Simon-Test) erschien 1905. Während Piagets Zeit in Paris, nutzte Theodore Simon Intelligenztests, um herauszufinden, ob gleichaltrige Kinder ähnliche Fehler in ihren Schlussfolgerungen machen. Piaget war hingegen mehr daran interessiert, warum die Kinder falsche Antworten gaben und bat sie, ihre Gedankengänge zu erklären, nachdem sie den Test abgeschlossen hatten. Er fand heraus, dass die Kinder logische Schlüsse gezogen hatten, um zu ihren Ergebnissen zu kommen, ihnen gleichzeitig aber noch die Lebenserfahrung fehlte, um alle Fragen richtig zu beantworten. Die Lücken füllten sie mithilfe ihrer Fantasie. Das war nicht nur ein deutlicher Hinweis darauf, dass Intelligenz und Wissen nicht dasselbe sind, es gab Piaget auch wichtige Hinweise darauf, wie sich unser logisches Denkvermögen entwickelt.

In den folgenden Jahren beobachtete Piaget weitere Kinder und untersuchte, wie sie Urteile fällten und wie sie diese erklärten. Am Ende schrieb er mehr als 50 Bücher und publizierte Hunderte von Artikel. Während Piaget versuchte, einen wissenschaftlichen Ansatz zum Verständnis der Entwicklung des Wissens zu schaffen und dabei Binets und Simons Methoden durchaus zustimmte, waren seine eigenen Beobachtungsmethoden wesentlich komplexer. Seine Forscher mussten über ein Jahr angelernt werden, bevor sie bereit waren, Daten für ihn zu sammeln. Piaget stellte mehrere Theorien zur Erklärung auf, wie Kinder sich entwickeln, die er „genetische Epistemologie“ oder „Entwicklungstheorie des Wissens“ nannte. In erster Linie glaubte Piaget, Kinder würden Wissen durch das Zusammenwirken mit ihrer Umgebung entwickeln, und dass dieses Wissen ständig ergänzt und angepasst werde. Er glaubte, es gäbe drei Hauptgebiete der Wissensansammlung:

1. Physisches Wissen (das Wissen über physische Objekte)
2. Logisch-mathematisches Wissen (das Wissen über abstrakte Konzepte)
3. Sozial-willkürliches Wissen (das Wissen über kulturspezifische Konzepte)

Nach Piaget durchlaufen Kinder bei ihrem Erwerb von Wissen über die Welt vier Entwicklungsstadien: das sensomotorische, das präoperationale, das konkret-operationale und das formal-operationale Stadium. Alle Kinder durchlaufen diese Schritte in der gleichen Reihenfolge, aber nicht zwangsläufig im gleichen Alter. Ihr Fortschritt kann von vielen Faktoren beeinflusst werden, z. B. der Kultur, ihrer biologischen Entwicklung usw. Jedes Stadium wird in der untenstehenden Tabelle näher beschrieben.

STADIUM	ALTER	BESCHREIBUNG
Senso-motorisch	Geburt–2 Jahre	Die Kinder beginnen, die Welt mit ihren Sinnen zu entdecken. Sie beginnen zu begreifen, dass Dinge nicht verschwinden, wenn sie diese nicht mehr sehen.
Prä-operational	2–7 Jahre	Die Kinder lernen, sich in Worten und Bildern auszudrücken, ihre Sprache entwickelt sich und sie beginnen, fantasievoll zu spielen. Sie sind egozentrisch und sehen die Welt überwiegend aus ihrem Blickwinkel.
Konkret-operational	7–11 Jahre	Die Kinder beginnen logisch zu denken. Sie verstehen, dass Dinge ihre Form verändern aber die gleiche Masse haben können, und sie beginnen, mathematische Konzepte zu verstehen. Sie verstehen das Konzept von Ursache und Wirkung.
Formal-operational	11 Jahre +	Die Kinder können nun abstrakte Denkprozesse und hypothetische Szenarien verstehen. Sie beginnen anhand moralischer Konzepte zu argumentieren und können logische Schlussfolgerungen ziehen.

Piaget war der Ansicht, dass wir diese Stadien durchlaufen, während wir biologisch reifen und unser Wissen aus unserer Umwelt sammeln. Auf jeder Entwicklungsstufe schnüren wir kleine Wissenspakete, sogenannte Schemen, die uns dabei helfen, unsere Umwelt zu begreifen. Diese Schemen passen wir ständig an, wenn wir neue Erfahrungen machen, und zwar mithilfe von Prozessen, die er *Organisation, Adaptation, Assimilation und Akkommodation* nannte. Organisation ist unsere Fähigkeit, existierende Schemen zu koordinieren und sie zu komplexerem Verhalten zu kombinieren. So vereint ein Baby z. B. die Schemen für das Schauen, das Hinreichen, das Greifen und das Saugen, um sich selbst zu füttern. Machen wir eine neue Erfahrung, *assimilieren* wir diese Information in unsere Schemen. Machen wir dann wieder eine neue Erfahrung und stellen fest, unsere bestehenden Schemen funktionieren nicht so recht, erleben wir ein *Ungleichgewicht* und müssen diese neue Information in unseren bestehenden Schemen *unterbringen.* Wenn unsere Schemen dann mit der neuen Information umgehen können, erfahren wir wieder ein *Gleichgewicht.*

Vielen Menschen wird dieser Prozess bekannt vorkommen, wenn Kinder z. B. die Namen verschiedener Tierarten lernen. Vermutlich haben Sie das folgende Szenario schon einmal selbst erlebt:

Assimilation: Ein Kind sieht eine Ente, und das Elternteil sagt: „Schau mal, eine Ente!". Das Kind hat nun ein Schema für eine Ente erstellt, das vermutlich die Fakten enthält, dass eine Ente Federn, Flügel und einen Schnabel hat.

Ungleichgewicht: Das Kind sieht ein anderes Tier mit Federn, Flügeln und einem Schnabel. Es ist eine Taube. Es sagt zu den Eltern: „Eine Ente!". Die Eltern sagen nein, das ist ein anderer Vogel, eine Taube. Das Kind erlebt ein Ungleichgewicht – sein Schema für die Ente lässt sich hier nicht anwenden.

Akkommodation: Das Kind nimmt die neue Information in sein Schema auf. Vögel haben alle Flügel, Federn und Schnäbel, aber die grauen sind Tauben, nicht Enten. Enten sind die Vögel im Wasser, die diese quakenden Geräusche machen.

Gleichgewicht: Das Kind hat jetzt ein genaueres Schema für die Ente und ein weiteres für Vögel allgemein.

In Piagets Entwicklungstheorien sieht er das Kind grundsätzlich als Wissenschaftler an, der großteils unabhängig mit der Welt experimentiert und sie erforscht. Das steht im Gegensatz zu den Theorien des russischen Psychologen **Lew Wygotski** (1896–1934), der glaubte, dass Kinder sich durch die Interaktion mit anderen entwickeln. Wygotski studierte Jura, Literatur und Kultur an der Universität Moskau, wechselte aber auf die Shaniavskii People's University, ebenfalls in Moskau, als Studenten und Fakultätsmitglieder aufgrund des Verdachtes anti-zaristischer Aktivitäten von der Universität Moskau verwiesen wurden. Wygotski arbeitete zu einer Zeit, als Sozialwissenschaftler sehr genau beobachtet wurden. Sie standen unter Druck, jegliche Ansichten, die nicht mit der Parteilinie konform gingen, zu unterdrücken. Wygotski stand unter besonderem Druck, weil er in den 1920er-Jahren mehrere europäische Länder besucht hatte. Sein bekanntestes Werk, „Denken und Sprechen", erschien 1934, wurde aber von der stalinistischen Regierung unter Verschluss gehalten. Als Resultat waren Wygotskis Werke im Westen nahezu unbekannt, bis sie in den 1960er- und 1970er-Jahren ins Englische übersetzt wurden. Leider starb er mit nur 38 Jahren an Tuberkulose, sodass ein Großteil seiner Arbeiten unvollendet blieb.

Wygotski unterschied sich von Piaget, indem er besonders die Rolle des sozialen Miteinanders bei der Entwicklung eines Kindes betonte. Er glaubte, dass ein Kind vor allem dann lerne, wenn es dank der Hilfe eines erfahreneren „Anderen", z. B. eines Elternteils, Lehrers oder Gleichaltrigen, durch seine Zone der nächsten Entwicklung geleitet wird. Diese Zone liege zwischen dem aktuellen Können des Kindes und seinen potentiellen Fähigkeiten. Ein erfahrener Anderer geleitet das Kind durch die Zone, indem er dessen Fähigkeiten und Wissen bewusst herausfordere, ohne das Kind dabei zu frustrieren oder einem Versagen auszusetzen. Das Kind muss dafür jedoch die nötigen Voraussetzungen haben, damit es die Herausforderung verstehen und annehmen kann, während es gleichzeitig unterstützt wird, damit es Fortschritte macht. Diese Theorien haben natürlich eindeutige Auswirkungen auf das Bildungswesen und gehören noch heute zu dem vorgeschriebenen Bildungsinhalten für angehende Lehrer.

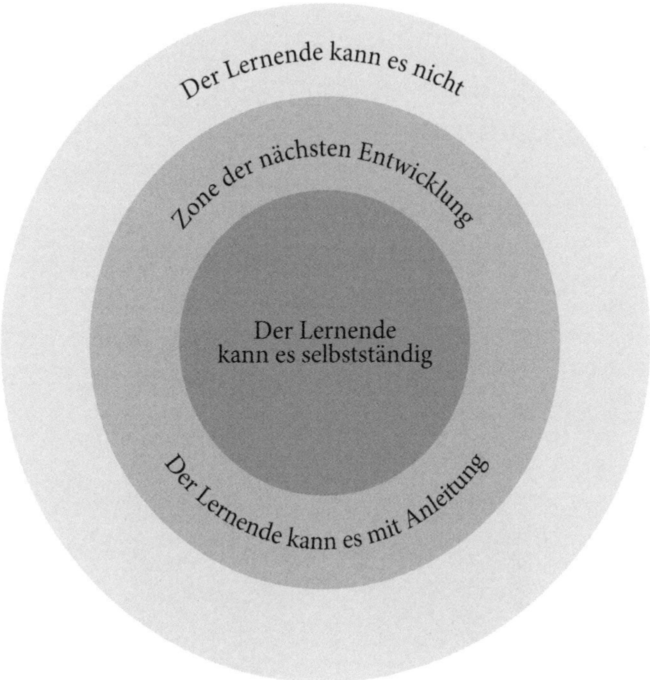
Der Lernende kann es nicht
Zone der nächsten Entwicklung
Der Lernende kann es selbstständig
Der Lernende kann es mit Anleitung

Optische Illusionen

Was sehen Sie unten? Zwei Gesichter oder eine Vase? Optische Illusionen wie diese entstehen, wenn Ihr Gehirn versucht, zwei verschiedene Informationen zu verarbeiten, die visuell sehr ähnlich sind.

INTERNE DENKPROZESSE

Wir haben diesen Abschnitt damit begonnen zu erklären, dass Kognitionspsychologen daran interessiert sind herauszufinden, was zwischen Reiz und Reaktion geschieht - dem Prozess, der unser Denken bildet. Nun wollen wir uns einen Bereich etwas genauer anschauen, der uns allen bekannt ist: das Gedächtnis. Ihr Gehirn kann vermutlich in Sekundenbruchteilen Ihre liebsten oder lebhaftesten Erinnerungen zurückholen, die mit starken Emotionen oder bedeutenden Ereignissen verknüpft sind. Aber was, wenn Sie alle Personen aufzählen sollen, die in der Schule in Ihrem Jahrgang waren? Oder können Sie sich daran erinnern, was Sie letzten Dienstag genau um 10.50 Uhr getan haben? Warum können wir uns an manche Dinge ganz leicht erinnern und an andere nicht? Wie priorisiert unser Gehirn den konstanten Input all unserer Sinne, der den ganzen Tag auf es einprasselt? Wäre es theoretisch möglich, sich an alles zu erinnern - und würden wir das überhaupt wollen?

Wir glauben gern, unserer Erinnerung an ein Ereignis vertrauen können. Wir schätzen unser Gedächtnis so hoch ein, dass ein Gerichtsverfahren durch eine Zeugenaussage entschieden werden kann. Tatsächlich gibt es jedoch Beweise, dass unser Gedächtnis gar nicht so zuverlässig ist. Wir übertreiben gerne unseren Beitrag zu einem Ereignis und füllen die Lücken in unserem Wissen mit wahrscheinlichen, aber keineswegs immer korrekten Informationen auf. Unser Gedächtnis kann durch Suggestion beeinflusst werden, und, wie eine berühmte Studie der amerikanischen Psychologen **Elizabeth Loftus** (geb. 1944) und **John Palmer** (Geburtsjahr unbekannt) bewies, kann ein einzelnes Wort unsere Erinnerung selbst an ein bemerkenswertes Ereignis komplett verändern.

Im Jahr 1974 versuchten Loftus und Palmer die Auswirkung von Sprache auf Augenzeugenberichte zu untersuchen. Sie waren daran interessiert, wie Suggestivfragen – also Fragen, die den Zeugen zu einer bestimmten Antwort lenken können, ob durch gewollte Manipulation oder versehentliche Einflussnahme – die Erinnerungen dieses Zeugen an ein Ereignis verändern können. Sie ließen die Studienteilnehmer das Video eines Autounfalls ansehen und baten sie dann, die Geschwindigkeit der Autos im Augenblick des Unfalls zu schätzen. Bei ihrer Fragestellung veränderten sie jedoch bei verschiedenen Teilnehmern die Verben, die sie zur Beschreibung des Unfalls verwendeten. So wollten Sie herausfinden, ob dies die Erinnerung der Zeugen an den Unfall ebenfalls veränderte. Sie waren an den Auswirkungen von fünf bestimmten Verben besonders interessiert – zusammenkrachen, zusammenstoßen, aufeinanderprallen, aufeinandertreffen und berühren.

Fragten sie die Teilnehmer: „Wie schnell waren die Wagen ungefähr, als sie aufeinandertrafen?“, war die angegebene Durchschnittsgeschwindigkeit viel niedriger als wenn sie fragten, wie schnell die Autos waren, als sie „zusammenkrachten“. So bewiesen sie, dass bereits die Veränderung eines entscheidenden Verbs im Satz bedeutende Auswirkungen auf die Erinnerung eines Zeugen haben kann.

Antwort auf die Frage „Wie schnell waren die Autos ungefähr, als sie …?“	
VERWENDETES VERB BEI KRITISCHER FRAGE	**GESCHÄTZTE DURCHSCHNITTSGESCHWINDIGKEIT (MPH)**
Zusammenkrachen	**40,8**
Zusammenstoßen	**39,3**
Aufeinanderprallen	**38,1**
Aufeinandertreffen	**34,0**
Berühren	**31,8**

In einem zweiten Experiment zeigten Loftus und Palmer einer zweiten Gruppe von Probanden eine ähnliche Aufzeichnung und fragten sie, bei welcher Geschwindigkeit die Autos „zusammengekracht“ bzw. „aufeinandergetroffen“ waren. Dieses Mal gab es noch eine Kontrollgruppe, die sie nicht zur Geschwindigkeit befragten (siehe Tabelle unten). Eine Woche später fragten sie dieselben

Probanden, ob sie in dem Video Glasscherben gesehen hätten. Wieder stellten sie fest, dass das Verb, das sie in der Woche zuvor verwendet hatten, signifikante Auswirkungen auf die Erinnerung der Probanden hatte.

Antwort auf die Fragen „Haben Sie Glasscherben gesehen?“			
ANTWORT	VERBNUTZUNG		
	ZUSAMMENKRACHEN	AUFEINANDERTREFFEN	KONTROLLGRUPPE
Ja	16	7	6
Nein	34	43	44

In dem Video waren keinerlei Glasscherben zu sehen; interessanterweise erinnerten sich aber auch einige Mitglieder der Kontrollgruppe falsch an den Unfall. Diese Experimente zeigen, dass nicht nur die Informationen, die wir während eines Ereignisses aufnehmen, wichtig für das Gedächtnis sind, sondern auch die Informationen, die wir später erhalten.

Information, die man nach einem Ereignis erhält, können Erinnerungen nicht nur verzerren, sondern auch ganz neue schaffen - in diesem Fall erinnerten sich die Teilnehmer an Glasscherben, obwohl sie keine gesehen hatten. Das unterstreicht zum einen ganz eindeutig die Gefahr, die darin liegt, sich auf Augenzeugenberichte zu verlassen, und zum anderen die Notwendigkeit, Zeugen so bald wie möglich nach einem Ereignis sorgfältig und umsichtig zu befragen, sodass ihre Erinnerungen nicht zusätzlich verzerrt oder verändert sind.

DIE ERINNERUNG IST,
WIE DIE FREIHEIT,
EIN ZERBRECHLICHES
GEBILDE.

ELIZABETH LOFTUS

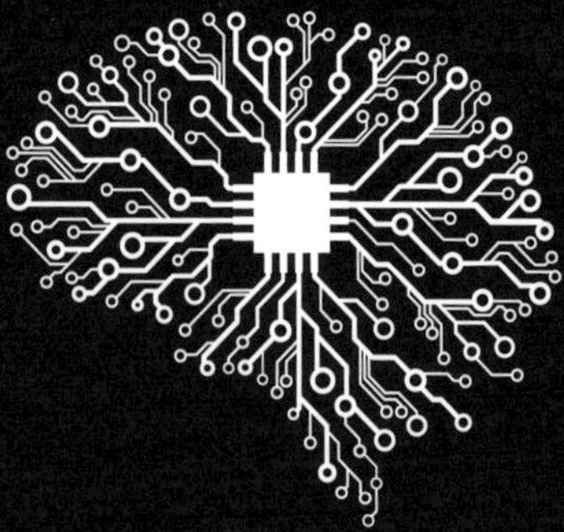

Schon gewusst? Ein kurzes Nickerchen kann Ihr Gedächtnis verbessern.

In einer Studie aus dem Jahr 2008 von Lahl *et al.* an der Universität Düsseldorf, sollten die Teilnehmer eine Liste mit 30 Wörtern auswendig lernen. Eine Stunde später wurde sie abgefragt. Während der einstündigen Pause hatte ein Teil der Gruppe ein Nickerchen gemacht, der andere ein einfaches Computerspiel gespielt. Die Erinnerungsfähigkeit war bei der Gruppe, die geschlafen hatte, deutlich höher als bei den anderen. Was für eine großartige Ausrede, um sich ein bisschen auf's Ohr zu legen!

Psychologen wie Loftus und Palmer hatten einen Weg gefunden, interne Denkprozesse und wie diese beeinflusst werden können zu studieren. Was sie aber nicht untersucht hatten war, wie und warum diese in erster Linie überhaupt entstehen.

Kognitionspsychologen beschäftigen sich mit der Frage, wie diese Prozesse (und viele andere) entstehen, aber um das zu studieren, müssen die Forscher zuerst herausfinden, wann dieser Entstehungsprozess begann. Vermutlich werden Sie sich nicht daran erinnern, wie Sie sich zum ersten Mal hinsetzten, um lesen zu lernen oder wie Sie damit anfingen, als Baby erste Wörter zu bilden, aber Kognitionspsychologen suchen genau zu diesen Fragen die Antworten. Um dieses Ziel zu erreichen, müssen wir Menschen bei ihrer Entwicklung beobachten, angefangen mit ganz kleinen Kindern. Babys sind jedoch meist nicht in der Lage, unsere Fragen mit etwas anderem als süßen Babygeräuschen zu beantworten, deshalb mussten wir Methoden entwickeln, die sich nicht auf das Können verlassen, dessen Fortschritte wir zu beobachten versuchen. Das können z. B. Geräte zur Verfolgung der Augenbewegungen sein oder Elektroden, die auf der Haut angebracht werden und dort die elektrische Aktivität des Nervensystems messen (Elektroenzephalographie oder EEG), oder einfach ein sehr gut durchdachter Versuchsaufbau. Diese Arbeit führte zum Entstehen der kognitiven Neurowissenschaft, bei der wir versuchen, die elektrische Aktivität, die wir messen, an ein Verhalten zu koppeln. Eng verbunden mit dem biologischen Ansatz erhielten wir so eine neue Möglichkeit, interne Prozesse zu untersuchen.

Die Arbeit der Kognitionspsychologen hat viele erfolgreiche Therapieansätze hervorgebracht, wie die kognitive Verhaltenstherapie (KT), eine Therapieform mit hoher Erfolgsquote, bei der der Patient lernt, seine eigenen negativen Gedanken zu erkennen und ihnen zu widersprechen. Stellen Sie sich vor, Sie haben aus Versehen einen Tag lang Ihr Handy zu Hause vergessen. Als Sie wieder heimkommen, haben Sie keine einzige Nachricht auf dem Handy. Nicht eine. Sie sind enttäuscht, fühlen sich ungeliebt, einsam und verlassen. Warum hat keiner Ihrer Freunde angerufen? Warum hat nicht einer eine Nachricht geschickt? Vielleicht haben Sie ja gar keine Freunde und es mag Sie sowieso niemand. Das ist offensichtlich eine sehr ungesunde, negative Reaktion. Bei der KT würden Sie stattdessen eine alternative, gesündere Reaktion lernen, indem Sie sich z. B. fragen, ob es für Ihre Gedanken irgendwelche Beweise gibt (Sie haben sich nicht mit Ihren Freunden gestritten, und die Anzahl von Nachrichten, die Sie erhalten, reflektiert nicht Ihren Wert als Person) und andere Denkweisen zulassen (vielleicht hatten Ihre Freunde einfach viel zu tun).

Techniken, um negativen Gedanken zu widersprechen

Erwägen Sie:

1. Gibt es irgendwelche Beweise für die negativen Gedanken?
2. Ist Ihre Sichtweise logisch?
3. Haben Sie eine andere Situation schon einmal genauso betrachtet?
4. Finden Sie drei vernünftige Alternativen zu Ihrer negativen Ansicht.

Durch einen wachsenden Blick auf die mentale Gesundheit in Schulen, am Arbeitsplatz und in den Medien sollte uns allen klar werden, dass ein Verstehen unserer eigenen Denkprozesse der Schlüssel zu einem besseren, gesünderen Leben sein kann. Auch andere Vorgehensweisen in der Psychologie haben hoch wirksame Therapien hervorgebracht, aber der kognitive Ansatz erlaubt es uns, die Prozesse zu betrachten, die zu bestimmten Verhalten und Gedanken führen. In dem neuen Gebiet der kognitiven Neurowissenschaft haben Psychologen die Möglichkeit, das Gehirn mittels der fMRT bei der Arbeit zu beobachten. Wir können uns Karten der Gehirnaktivität anschauen, während jemand ein Problem löst, sich auf ein Musikstück konzentriert oder unterschiedliche Emotionen empfindet. fMRT steht für „funktionelle Magnetresonanztomographie", bei der das Gehirn mit einem starken Elektromagneten gescannt wird. Dabei können auch Abweichungen in der Blutzufuhr zum Gehirn entdeckt werden (durch die Berechnung der Sauerstoffmenge), sodass wir genau sehen, welche Bereiche gerade schwerer arbeiten als andere. Wie immer entwickelt sich auch die Psychologie konstant weiter, und ständig werden neue Theorien getestet, die für uns alle heute noch unbekannten Nutzen haben werden.

Sozialpsychologie

Der Mensch ist ein soziales Wesen. Wir haben uns dazu entwickelt, in Gruppen zu leben, und diese Lebensweise hat gewaltige Vorteile für uns. Wir können einander unterstützen und voneinander lernen, Gesellschaften und Kulturen bilden, die zusammenarbeiten, Wissen teilen und unser aller Wohlbefinden fördern. Auf der anderen Seite bringt das Leben in einer Gesellschaft aber auch einen gewissen Druck mit sich, sich anzupassen. Unbewusst haben wir das Bedürfnis, von denjenigen akzeptiert zu werden, die wir zu unserer Gemeinschaft zählen, und uns von denjenigen zu distanzieren, die unsere Normen, Werte und Moralvorstellungen nicht teilen. Dieses Bedürfnis, soziale Einheiten zu bilden, das in vieler Hinsicht von Vorteil für uns ist, kann dadurch aber auch zu scheinbar irrationalem Verhalten führen. Äußerlich passen wir uns scheinbar an, obwohl wir innerlich fühlen, dass wir das nicht tun sollten; wir gehorchen Autoritätspersonen, selbst wenn sie uns etwas zu tun befehlen, das wir falsch finden. In diesem Kapitel betrachten wir, wie Psychologen die Prinzipien zu erklären versucht haben, die unserem sozialen Verhalten zugrunde liegen, und was diese uns über unsere Fähigkeit sagen, unabhängig zu denken und zu handeln.

DER WEGFALL
DES GEFÜHLS DER
VERANTWORTUNG IST
DIE WEITREICHENDSTE
KONSEQUENZ DER
UNTERWERFUNG
UNTER AUTORITÄTEN.

STANLEY MILGRAM

Haben Sie jemals einer Gruppe Freunden zugestimmt, obwohl Sie innerlich glaubten, dass diese im Unrecht sein könnten? Wenn ja, geht Ihnen das nicht alleine so. In den 1950er-Jahren führte der in den USA arbeitende polnische Psychologe **Solomon Asch** (1907-1996) ein klassisches Experiment durch, bei dem er dieses Verhalten, bekannt als „Konformität", untersuchte.

Asch wollte mehr über die menschliche Tendenz herausfinden, mit dem Verhalten der Mehrheit konform zu gehen. Dies tat er mithilfe einer kleinen Täuschung und präzisen, standardisierten Methoden, die kaum einen Zweifel daran ließen, ob seine Probanden durch ihr tief verwurzeltes Bedürfnis, sich anzupassen, beeinflusst worden waren oder nicht.

Im Zuge des Experimentes wurde den Probanden (alles weiße, männliche Collegestudenten) mitgeteilt, dass sie an einer Studie zur „visuellen Wahrnehmung" teilnehmen. In Gruppen zu je acht Personen wurden sie gebeten, eine einfache Aufgabe zu lösen: Welche von drei Vergleichslinien ist genauso lang wie die Referenzlinie? Klingt einfach, oder? Was die Teilnehmer nicht wussten war, dass sieben der acht Personen sogenannte „Vertraute" waren - Schauspieler, die wussten, worum es bei dem Experiment geht. Diese Vertrauten sollten einige Male die richtige Antwort geben, aber dann anfangen, einstimmig die Frage falsch zu beantworten. Asch wollte wissen, ob diese Mehrheit aus sieben Personen die Antwort des einen echten Probanden beeinflussen konnte.

Asch führte achtzehn Versuchsreihen mit seinen Probanden durch. Zwölf davon waren „kritische“ Versuche, bei denen die Vertrauten eindeutig falsche Antworten gaben. Um sicherzustellen, dass die Aufgabe nicht zu unklar formuliert war, führte er zudem mehrere Kontrollversuche durch, bei denen jeweils nur ein Teilnehmer antworten sollte, ohne Gruppendruck. So konnte er überprüfen, ob die Antworten tatsächlich so eindeutig waren, wie er glaubte.

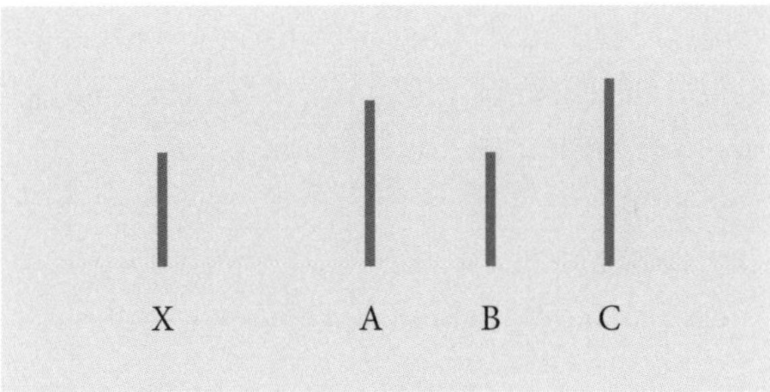

Welche Linie ist genauso lang wie X?

Asch fand heraus, dass bei den kritischen Versuchen durchschnittlich 32 Prozent der Teilnehmer den eindeutig falschen Antworten der Mehrheit zustimmten. Etwa 75 Prozent stimmten bei den zwölf kritischen Versuchen mindestens einmal zu, 25 Prozent stimmten nie zu. In der Kontrollgruppe gab weniger als ein Prozent die falsche Antwort, was eindeutig bewies, dass die Zustimmung bei den kritischen Versuchen vom Druck der Mehrheit abhing, nicht von der Unklarheit der Frage.

Nachdem er mit seinen Probanden gesprochen und sie über das Experiment informiert hatte (die Nachbesprechung), zog Asch den Schluss, dass Menschen sich aus zwei Gründen der Mehrheit anschließen: durch den „normativen sozialen Einfluss" und den „informationalen sozialen Einfluss". Einige Teilnehmer gaben an, sie wollten in der Gruppe nicht als Außenseiter angesehen werden, ein Phänomen, das als normativer sozialer Einfluss bekannt ist. Andere zweifelten an ihren eigenen Sinnen und glaubten tatsächlich, die Gruppe habe recht. Das nennt man informationalen sozialen Einfluss.

Während Aschs Experiment nicht zwangsläufig erklärt, warum wir uns in wichtigen Situationen, in denen es um ethische und moralische Konsequenzen geht (ist es wirklich wichtig, wie lang eine Linie ist?), dem Gruppendruck beugen, ermöglicht es uns doch einen interessanten Einblick in die Gruppendynamik. Asch ließ auf sein ursprüngliches Experiment noch mehrere abgewandelte Versuchsreihen folgen, in denen er die Reihenfolge der Antworten seiner Vertrauten oder ihre Anzahl in der Gruppe änderte. Bei einigen stellte er dem Probanden auch einen Verbündeten zur Seite, der ebenfalls die richtige Antwort gab. Im Laufe dieser Experimente fand Asch heraus, dass die optimale Mehrheit aus drei Personen besteht, und dass weitere Personen kaum noch einen zusätzlichen Einfluss auf das Ergebnis haben. Haben sie einen Verbündeten an der Seite, stimmen Menschen der Mehrheit weniger zu. Ist die Aufgabe schwieriger, stimmen sie eher zu.

Der Grund dafür, sich in derartigen Situationen dem Gruppenzwang zu beugen, scheint eindeutig. Warum soll man auf sich aufmerksam machen und für Unruhe sorgen, wenn es um so wenig geht? Selbst in kritischeren Situationen können wir die Gründe eines Menschen, sich dem Gruppenzwang zu beugen, oft verstehen – möglicherweise geht es um die eigene Sicherheit oder das Überleben. Weniger verständlich ist, warum sich eine Gruppe von Menschen den Befehlen einer einzelnen Person unterordnet, jemandem, der als Autoritätsfigur angesehen wird. Im Laufe der Menschheitsgeschichte gibt es zahlreiche Beispiele für irrationale oder gar entsetzliche Taten, die von einer Gruppen Menschen auf

Befehl einer einzelnen Führungsperson (oder weniger Personen) begangen wurden. Als nächstes wollen wir uns einen der bekanntesten Versuche zur Erklärung dieses Phänomens anschauen.

Ein Experiment zum Gehorsam, das **Stanley Milgram** (1933–1984) in den 1960er-Jahren durchführte, ist eine der kontroversesten Studien auf diesem Gebiet der Psychologie. Milgram wollte untersuchen, was gewöhnliche Menschen dazu bewegt, unter dem Einfluss einer Autoritätsperson außerordentlich schreckliche Dinge zu tun. Die Aussagen nationalsozialistischer Soldaten nach dem Zweiten Weltkrieg, sie hätten die furchtbaren Verbrechen an ihren Gefangenen nur begangen, weil sie „Befehle ihrer Vorgesetzten befolgten", erregten dabei sein besonderes Interesse.

Milgram untersuchte dieses Phänomen, indem er Freiwillige darum bat, an einem Experiment „über das Lernen" teilzunehmen. Die Teilnehmer sollten dabei als „Lehrer" fungieren, die ihre „Schüler" zunehmend stärker werdenden Stromstößen aussetzten, jedes Mal, wenn diese eine Frage falsch beantworteten. Zur Ermutigung der Teilnehmer, dies auch wirklich zu tun, setzte Milgram eine Autoritätsperson in den Raum. Diese Person trug einen weißen Laborkittel. Sollten die Lehrer Besorgnis gegenüber ihren Schülern ausdrücken und das Experiment stoppen wollen, sollte die Person nur vorgefertigte Phrasen wie „Das Experiment hängt davon ab, dass Sie weitermachen“ oder „Ich bin dafür verantwortlich, was mit dem Schüler passiert“ von sich gaben. Die Voltzahl der Stromstöße konnte nach und nach bis zu einer tödlichen Stärke erhöht werden. An einem bestimmten Punkt begannen die Schüler zu protestieren und darum zu bitten, das Experiment zu beenden - oder sie reagierten nicht mehr. Was die „Lehrer“ nicht wussten war, dass die „Schüler“ alle Vertraute Milgrams waren und keinerlei Schaden erlitten.

Versuchsaufbau bei Milgrams Studie zum Gehorsam

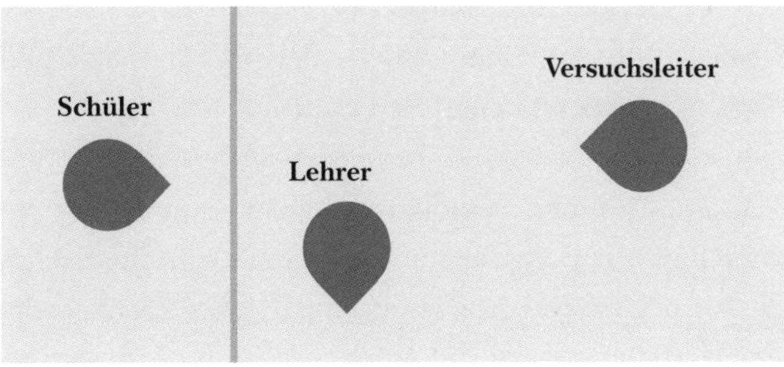

Milgram und seine Kollegen glaubten nicht, dass irgendeiner oder zumindest kaum einer der Probanden so weit gehen würde, seinem Schüler wirklich zu schaden. Was sie jedoch herausfanden, schockierte die Gesellschaft der Psychologen: 65 Prozent der Teilnehmer folgten ihren Anweisungen bis zur tödlichen Voltzahl. Soweit sie wussten, hätten sie ihren Schüler vermutlich töten können.

Es schien, als könne eine Autoritätsperson einen Menschen tatsächlich dazu beeinflussen, eine furchtbare Tat zu begehen, einfach indem sie ihm mitteilte, dass sie am Ende die Verantwortung für das Geschehene übernehmen würde. Milgram entwickelte die Theorie, die Teilnehmer würden von einem autonomen Zustand, in dem sie verantwortlich für ihre Taten waren, in einen Zustand des Gehorsams umschalten, bei dem sie nur als ausführendes Organ für eine andere Person handelten und dementsprechend keine Verantwortung trugen.

Milgrams Studie war einiger Kritik ausgesetzt. Ein Argument war z. B., dass seine Freiwilligen vermutlich eher dazu geneigt waren, Anweisungen zu befolgen, weil sie die Art Menschen waren, die sich freiwillig für ein derartiges Experiment meldeten. Vielleicht hatten die Teilnehmer auch gemerkt, dass die Elektroschocks nicht echt waren? Trotz aller Kritik entsetzte Milgrams Experiment die psychologische Gemeinschaft zutiefst, und seine Resultate wurden mittlerweile in vielen verschiedenen Kulturen und unter unterschiedlichen Bedingungen repliziert.

Milgrams Studien stellten einen Wendepunkt in unserem Verständnis der Sozialpsychologie dar. Wie sein Biograph Thomas Bass so schön sagte: „Unsere Handlungen werden nicht davon bestimmt, was für ein Mensch wir sind, sondern in welcher Art Situation wir uns wiederfinden."

Der amerikanische Psychologe **Philip Zimbardo** (geb. 1933) untersuchte, welche Auswirkungen ein ganz spezielles Umfeld auf einen Menschen hat: das Gefängnis. Im Jahr 1971 führte er sein inzwischen berühmtes „Stanford-Prison-Experiment" durch, was vom US Office of Naval Research im Rahmen einer Studie über antisoziales Verhalten gefördert wurde. Zimbardo wollte wissen, ob sich das Verhalten einer Person änderte, wenn sie eine spezifische soziale Rolle mit daran gebundenen, festgelegten Erwartungen sowie einem gewissen Maß an Anonymität, zugewiesen bekommt.

In der Studie nahmen vierundzwanzig gesunde, männliche, amerikanische Collegestudenten an einer zweiwöchigen Gefängnissimulation teil. Sie wurden vorher durchleuchtet, um sicherzustellen, dass sie körperlich und geistig gesund waren und keinen kriminellen Hintergrund aufwiesen. Im Experiment wurden ihnen willkürlich Rollen zugewiesen, wobei eine Hälfte zu „Wärtern", die andere zu „Gefangenen" gemacht wurde. Jede Gruppe hatte neun Teilnehmer, während jeweils drei als Reserve zurückgehalten wurden.

Die Wärter nahmen am Tag vor dem Beginn des Experiments an einer kurzen „Ausbildung" teil, bei der man ihnen mitteilte, dass sie in täglichen achtstündigen Schichten arbeiten sollten, mit immer drei Wärtern gleichzeitig im Dienst. Weiterhin wurde ihnen mitgeteilt, dass sie die Gefangenen weder misshandeln noch ihnen Nahrung oder Getränke verweigern durften. Sie sollten jedoch dafür sorgen, dass sich die Gefangenen langweilten, ängstlich seien, keinerlei Privatsphäre bekamen und eindeutig verstanden, dass ihr Leben während der Studie komplett von den Wärtern kontrolliert werde. In seinem Buch *Der Luzifer-Effekt* erklärt Zimbardo, er habe den Wärtern folgendes gesagt: „Wir haben die absolute Macht in dieser Situation. Die haben nichts." Er wollte den Gefangenen die eigene Identität nehmen; sie sollten sich vollkommen machtlos fühlen.

Zum Verlust der eigenen Identität, sowohl bei Wärtern als auch Gefangenen, führte auch das Tragen von Einheitskleidung. Die Wärter erhielten khakifarbene Uniformen, Schlagstöcke und verspiegelte Sonnenbrillen. Die Gefangenen trugen orangefarbene Kittel, Pantoffeln und eine Kette um einen Knöchel. Außerdem bekamen sie statt ihrer Namen eine Nummer, die auf ihren Kittel aufgenäht war.

Als das Experiment begann, wurden die Gefangenen in ihrem eigenen Zuhause verhaftet. Laut Zimbardo sollte sich die Erfahrung so echt wie möglich anfühlen, deswegen „verhafteten" Beamte des lokalen Polizeireviers Palo Alto jeden Gefangenen und unterzogen ihn dem üblichen Prozedere, inklusive Abnahme der Fingerabdrücke und Leibesvisitation, bevor er zu Zimbardos „Gefängnis" gebracht wurde und seinen Aufenthalt begann.

Falls Sie nun glauben, Zimbardos Idee konnte nur in einem Desaster enden, so haben Sie recht. Nach nur wenigen Stunden begannen die Wärter, ihre Macht auszunutzen. Um 2.30 Uhr morgens bliesen sie in ihre Trillerpfeifen, weckten die Gefangenen und ließen sie zum ersten von vielen Appellen antreten. Die Gefangenen mussten zur Strafe Liegestütze machen und sinnlose Tätigkeiten ausführen. Am Morgen des zweiten Tages begann eine Gruppe Gefangener zu rebellieren und verbarrikadierte sich in ihren Zellen. Als Antwort besprühten die Wärter die Zellen mit Feuerlöschern, brachen sie gewaltsam auf, zogen die Gefangenen nackt aus und entfernten ihre Betten. Rechte, die sie den Gefangenen zugesprochen hatten, wurden widerrufen und stattdessen denjenigen Gefangenen als Belohnung zugestanden, die nicht an der Rebellion teilgenommen hatten.

Auf diese Weise sollte die Solidarität unter den Gefangenen gebrochen werden, und das klappte auch ausgezeichnet. Je dominanter und aggressiver die Wärter wurden, desto unterwürfiger wurden die Gefangenen. Nach nur sechs Tagen musste das Experiment, das eigentlich zwei Wochen hatte dauern sollen, abgebrochen werden. Einige der Gefangenen zeigten Symptome wie kurz vor einem Nervenzusammenbruch, und man war sehr besorgt um ihre körperliche und geistige Gesundheit.

Warum die Wärter sich so extrem verhielten, wird kontrovers diskutiert. Zimbardo argumentierte, sie hätten sich an die soziale Rolle angepasst, die ihnen zugewiesen wurde und dabei eine „Deindividuation“ erlebt. Dieser Begriff wurde in den 1950er-Jahren von dem amerikanischen Sozialpsychologen Leon Festinger geprägt, zur Beschreibung eines Zustandes, in dem eine Einzelperson in einer Gruppe nicht herausgenommen oder erkannt werden kann. Das bedeutet, die Person agiert nicht mehr als Individuum, sondern als anonymes Mitglied einer Gruppe und verliert als solches ihre moralischen Grundsätze und Verpflichtungen. Sozialpsychologen wie

Zimbardo glauben, dass dies zu antisozialem Verhalten wie Randalieren, Plündern und anderem aggressivem Verhalten führen kann, weil die Menschen keine persönliche Verantwortung für ihr Tun mehr empfinden. Faktoren, die zur Deindividuation führen können, sind Erregung (gefühlsmäßige Aufregung), Anonymität (in der Gruppe „untertauchen") und indirekte Verantwortlichkeit (alle anderen machen es ja auch ...), alles Gefühle, die die Wärter in der Studie ebenfalls erlebten.

Kritiker der Studie sind jedoch der Ansicht, Zimbardo hätte bewusst eine Situation hervorgerufen, die seine Theorien bestätigen würde. Einige glauben, die jungen Männer hätten alle enthusiastisch ihre Rollen gespielt, und dass alle Veränderungen an ihrem Charakter jugendlichem Übermut zuzurechnen seien. Die Studie fand 1971 statt, als Berichte über Aufstände in Gefängnissen und Polizeibrutalität in den Nachrichten allgegenwärtig waren, sodass man behaupten könnte, die jungen Männer hätten schlicht die alltäglichen Stereotypen über das Leben im Gefängnis nachgespielt. Weil Zimbardo die Wärter instruiert hatte, den Gefangenen keinerlei Privatsphäre oder Macht zuzugestehen, schuf er quasi künstlich die Situation, die er beobachten wollte. Einige „Wärter" gaben offen zu, dass sie glaubten, ihr Verhalten helfe den Experimentatoren. Das wiederum ist ein Phänomen, das man „Anforderungsmerkmale" nennt - ein

Teilnehmer ändert sein Verhalten so, dass es zu den Anforderungen der Studie passt, an der er teilnimmt. Indem Zimbardo nicht einschritt, als die Wärter ihre Macht die ersten Male ausnutzten, konnten sie sein Schweigen als stillschweigende Zustimmung für ihr Verhalten interpretieren. Obwohl Zimbardo in „Der Luzifer-Effekt" zugab, seine Erkenntnisse „auf Kosten menschlichen Leidens" erzielt zu haben, und sagte, er bedaure es, während der Studie nicht für eine angemessene Aufsicht gesorgt zu haben, stellte die American Psychological Association (APA) 1973 bei einer Untersuchung der Studie fest, dass alle vorhandenen ethischen Richtlinien eingehalten worden seien.

Wenn man von dieser Studie hört, ist es völlig normal, sich zu fragen, wie man sich selbst in einer solchen Situation wohl verhalten hätte. Wir glauben gern, dass wir anhand unserer eigenen moralischen und ethischen Prinzipien handeln, aber wie wir gerade gelernt haben - ganz so einfach ist das nicht. Theorien zu Konformität, Gehorsam und Deindividuation können schreckliche Taten, die von Gruppen von Menschen begangen wurden, zum Teil erklären. Brutale Aufstände, Plünderungen und die Misshandlung von Gefangenen in Gefängnissen wie Abu Ghraib erscheinen vielleicht weniger unerklärlich, sobald wir gelernt haben, wie leicht wir uns von anderen beeinflussen lassen. So erschreckend es auch sein mag zu lernen, wie einfach unsere scheinbare Autonomie von anderen beeinflusst und manipuliert werden kann, so ist es doch tröstlich zu erkennen, dass wir nun das Wissen haben, um „Gruppendenken“ aus dem Weg zu gehen, den Einfluss von Autoritäten zu hinterfragen und die Manipulation von außen zu vermeiden.

Der humanistische Ansatz

Die Ansätze, die wir uns bisher angeschaut haben, weisen einen eher deterministischen Blick auf das menschliche Verhalten auf. Sie versuchen spezifische, vorbestimmte Gründe (ob nun biologische Faktoren oder Erfahrungen) für Verhalten zu finden, die oft gar nicht von der einzelnen Person kontrolliert werden können. Sie gehen bei der Erforschung unserer Psychologie zudem „nomothetisch" vor, d. h., sie versuchen, unser Verhalten anhand einer Reihe allgemein gültiger Regeln zu erklären, die für alle Menschen gleich sind. Dieser Neurotransmitter sorgt dafür, dass Menschen sich in einer bestimmten Weise verhalten; wer in der oralen Phase der Entwicklung „stecken" bleibt, wird ein notleidender Mensch usw. Das ist für Viele eine sehr verstörende Sichtweise auf das menschliche Verhalten, suggeriert es doch, dass wir nur sehr wenig freien Willen oder Kontrolle über unser Verhalten haben. Weiterhin wirft es eine wichtige Frage nach unserer Verantwortung für unsere Handlungen auf – tragen wir Schuld an unseren Verbrechen und können wir auf unsere Leistungen stolz sein oder nicht?

Der humanistische Ansatz rebelliert gegen diese Ideen und argumentiert, dass jeder Mensch ein einzigartiges Individuum ist, mit subjektiven Erfahrungen im Leben und Entscheidungsfreiheit über seine Wahl und sein Verhalten. Durch die humanistische Perspektive übernehmen wir persönliche Verantwortung für unsere Handlungen und erhalten ein Gefühl von Selbstwert und Sinnhaftigkeit, was sehr reizvoll ist, wenn man bedenkt, wie einfach wir laut einiger Psychologen vorausberechnet und manipuliert werden können! Es ist kein Zufall, dass die ersten Arbeiten zu diesem Ansatz in den 1940er-Jahren publiziert wurden, kurz nachdem B. F. Skinner im Jahr 1936 seine ersten Beschreibungen der operanten Konditionierung (siehe S. 54) veröffentlicht hatte, insbesondere, weil Skinner später öffentlich erklärte, der freie Wille sei eine Illusion. Die humanistische Psychologie war ein Aufstand gegen die psychodynamischen und behavioristischen Ansätze und deren Entführung unserer persönlichen Autonomie.

Der amerikanische Psychologe **Abraham Maslow** (1908–1970), der später Präsident der American Psychological Association wurde, gilt allgemein als Gründervater des humanistischen Ansatzes, und zwar dank der Veröffentlichung seiner Theorie von der „Bedürfnispyramide“ im Jahr 1943. Zu dieser Zeit waren Psychologen in erster Linie damit beschäftigt, abnormale Psychologie zu erklären und psychologische Probleme zu „heilen“. Nur wenige befassten sich mit den eher philosophischen

Fragen der menschlichen Erfahrung, wie den Gefühlen der Sinnhaftigkeit, des Erfolgs oder des Wachstums.

Maslows Theorie wurde seitdem ausführlich weiterentwickelt; prinzipiell geht sie aber davon aus, dass der Mensch motiviert ist, bestimmte grundlegende Bedürfnisse zu erfüllen. Erst, wenn er das erreicht hat, kann er sich weiterentwickeln und sich auf Dinge wie persönliches Wachstum oder Selbstverwirklichung konzentrieren. Am unteren Ende von Maslows Pyramide befinden sich unsere wichtigsten physiologischen Grundbedürfnisse: Essen, Wasser, Schlaf. Sobald wir sie befriedigt haben, können wir uns um unsere „Sicherheitsbedürfnisse" kümmern, wie Arbeit, Ressourcen und Gesundheit. Danach steigen wir auf zu bedeutsamen persönlichen Beziehungen mit Freunden und Familie, weil wir nun die Verbindung zu anderen erreichen und würdigen können. Ein Mensch, der all das erreicht, hat einen Status und Anerkennung, sein Selbstwertgefühl ist hoch und er hat das Gefühl der Freiheit bezüglich seiner Wahlmöglichkeiten im Leben. Wenn das alles gut läuft, gibt es eine kleine Anzahl an Menschen, die sich nun selbst verwirklichen und möglicherweise einen „Höhepunkt" erleben - einen euphorischen Geisteszustand, in dem jedes Gefühl des Zweifels schwindet und der Geist flexibel und offen für neue, kreative Ideen wird. Das Leben erscheint nahezu mühelos. Wer würde das nicht wollen?

WER ALS WERKZEUG NUR EINEN HAMMER HAT, NEIGT DAZU, IN JEDEM PROBLEM EINEN NAGEL ZU SEHEN.

ABRAHAM MASLOW

Maslows Bedürfnispyramide

Maslow argumentiert, einige Bedürfnisse nähmen Vorrang vor anderen ein: So müssen z. B. grundlegende körperliche Bedürfnisse erfüllt sein, bevor wir uns um die höchsten Bedürfnisse kümmern können. Stimmen Sie der Reihenfolge der Ebenen zu? Fallen Ihnen Beispiele ein, in denen jemand einige der Stufen erreicht hat, ohne vorher die grundlegenderen Bedürfnisse darunter befriedigt zu haben? Glauben Sie, die Bedürfnisse sind in jeder Kultur gleich?

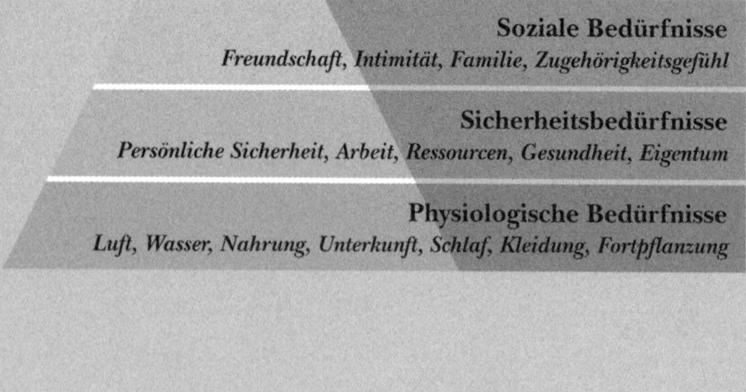

Maslows Vorgehensweise sprach mit **Carl Rogers** (1902–1987) einen weiteren amerikanischen Psychologen und zukünftigen Präsidenten der APA an, der die Theorie weiterentwickelte. Sein Ansatz passte auf so viele Bereiche der menschlichen Psychologie, dass er 16 Bücher und zahlreiche Artikel für Zeitschriften schrieb, in denen er seine Theorien verfeinerte. Wir haben uns die größte Mühe gegeben, die wichtigsten Punkte hier zusammenzufassen.

Rogers glaubte, dass wir die wahren Experten unserer eigenen Psychologie sind, und dass nur wir, als Individuen, unser eigenes Verhalten und unsere Motivation reflektieren und erklären können. Er betonte, wie wichtig unser eigener Standpunkt sei und dass die Realität – in gewisser Weise – bedeutungslos sei. Es zähle nur, wie wir sie wahrnehmen. Um unser volles Potenzial zu entfalten und uns selbst zu verwirklichen, müsse ein Gleichgewicht zwischen drei bedeutenden persönlichen Wahrnehmungen bestehen: unserem Selbstwertgefühl, unserem Selbstbild und unserem idealen Selbst. Alle drei Faktoren müssen überlappen und in Harmonie sein bzw. miteinander übereinstimmen, wenn wir unser volles Potenzial entfalten wollen. Unterscheiden sie sich voneinander, ganz besonders, wenn unser Selbstbild und unser ideales Selbst stark voneinander abweichen, leben wir in einem Zustand der Inkongruenz und unsere Leistungen (oder zumindest unsere Wahrnehmung davon) sind beschränkt. Eine Übereinstimmung zu erzielen, stelle also das Ideal dar.

Für eine inkongruente Person ist es jedoch sehr schwer, allein Übereinstimmung zu erzielen. Seine eigenen Wahrnehmungen und Motivationen genau zu reflektieren, ist sehr herausfordernd, entspringen sie doch dem eigenen Geist und sind das Ergebnis des eigenen Denkens. Rogers befürwortete deshalb eine ganz spezielle Art der Intervention, die „personenzentrierte Psychotherapie". Wie der Name schon sagt, wird diese Art der Therapie von der Person selbst geleitet und geht nicht von der Annahme aus, der Therapeut sei eine allwissende Autoritätsperson, die dazu da ist, eine Diagnose zu stellen und die geistige Gesundheit zu „reparieren". Der Therapeut soll zuhören, aber nicht bewerten, während der Klient die aktive Rolle in der Therapie übernimmt und auf eine Reise der Selbstentdeckung geht, die vom Therapeuten unterstützt, aber nicht kontrolliert wird.

Rogers entwickelte diese Therapieform über mehrere Jahre hinweg, angefangen mit der Beschreibung einer nicht-direktiven Therapie in seiner Veröffentlichung „Die nicht-direktive Beratung" aus dem Jahr 1942. Sie stand in direktem Gegensatz zu den in dieser Zeit üblichen „Gesprächstherapien", in denen der Therapeut die Sitzungen leitete und mögliche Antworten oder Diagnosen vorgab. Seine Arbeit über die klientenzentrierte Therapie wurde 1951 veröffentlicht, und auch wenn die Bezeichnungen „nicht-direktiv“ und „klientenzentriert“ begrifflich nicht so unterschiedlich erscheinen, unternahm Rogers stets weitere Schritte, um die Beziehung zwischen Klient und Therapeut immer weniger aus der Sicht des Therapeuten zu definieren. Statt den Begriff „nicht-direktiv“ zur Beschreibung dessen zu benutzen, was der Therapeut nicht tun soll, konzentrierte er sich darauf, was der Klient tun soll bzw. wozu er ermutigt werden soll. Diese Formulierung wurde später durch den Begriff „personenzentriert“ ersetzt; viele der ursprünglichen Konzepte blieben aber erhalten.

Während man den humanistischen Ansatz einerseits durchaus dafür kritisieren kann, zu subjektiv zu sein und keine Möglichkeit zu haben, Konzepte wie Selbstwert und Selbstverwirklichung zu messen, kann man andererseits seine Auswirkung auf die Gesprächstherapie gar nicht genug hervorheben.

Kontroversen in der Psychologie

Beim Studium eines so komplexen und oft subjektiven Phänomens wie der menschlichen Erfahrung laufen Psychologen häufig Gefahr, ein kompliziertes Subjekt auf einen simplen Satz von Regeln und Codes zu reduzieren. Ihre Theorien und Ergebnisse können unterstellen, dass Sie keine Kontrolle über Ihr Verhalten haben und dass dieses durch biologische Faktoren oder frühere Erfahrungen vorbestimmt ist. Zur Durchführung psychologischer Studien ist es zudem manchmal notwendig, die Studienteilnehmer zu manipulieren oder zu täuschen. Forschungsergebnisse können Fakten über die menschliche Natur offenbaren, die wir nur ungern zugeben, und sie können Konsequenzen haben, die weit über das hinaus gehen, was sich die Psychologen hinter der Studie vorstellen können. Auf den folgenden Seiten schauen wir uns die Frage der Ethik in der psychologischen Forschung an, das Zusammenspiel zwischen subjektiven und wissenschaftlichen Forschungsmethoden, die Vor- und Nachteile eines reduktionistischen Ansatzes und wie der Determinismus unsere Vorstellung des freien Willens beeinträchtigen kann.

EINE MENGE LEUTE
KÖNNEN IN EINER
SACHE RECHT HABEN
UND DENNOCH
NICHT MITEINANDER
ÜBEREINSTIMMEN.

KURT VONNEGUT

ETHIK

In den vorherigen Kapiteln dieses Buches haben wir gesehen, wie ethisch zweifelhaft einige Studien waren. Wir haben darüber gesprochen, wie Milgram seine Studenten glauben ließ - wenn auch nur kurz - sie hätten möglicherweise einen anderen Menschen getötet. Pawlow implantierte Röhrchen zum Auffangen des Speichels in die Schnauzen seiner Versuchshunde und arbeitete mit Elektroschocks.

Zum Glück wird die psychologische Forschung heute durch Richtlinien zum Schutz der Teilnehmer, sowohl der menschlichen als auch der tierischen, geregelt. In Großbritannien spricht die British Psychological Society (BPS) Empfehlungen zu ethischen Richtlinien in der Psychologie aus; in anderen Ländern gibt es ähnliche Organisationen. Diese Richtlinien sollen die Teilnehmer vor körperlichen und geistigen Schäden schützen. Sie basieren auf vier entscheidenden Prinzipien:

1. Respekt
2. Kompetenz
3. Verantwortung
4. Integrität

Das erste Prinzip meint **Respekt** gegenüber allen Personen. Die Psychologen müssen sicherstellen, dass jeder Teilnehmer ihrer Studie ausreichend Informationen zu den Abläufen derselben erhält, um eine Einverständniserklärung abgeben zu können. Das bedeutet, der Teilnehmer weiß, was während der Studie mit ihm passieren wird und dass er das Recht hat, jederzeit aus der Studie auszuscheiden. Meist erhalten die Teilnehmer eine Reihe von Formularen, die sie unterzeichnen müssen. Darin steht, worum es in der Studie geht und wie die Methodik aussieht. Es muss sichergestellt sein, dass alle Daten und Ergebnisse den einzelnen Probanden betreffend vertraulich behandelt werden, selbst wenn die Studie nur einen einzelnen Teilnehmer hat. Am Ende der Studie soll es eine ausführliche Nachbesprechung geben, bei der die Ziele der Studie noch einmal verdeutlicht werden und dem Probanden erklärt wird, dass er zu jedem Zeitpunkt vor der Veröffentlichung der Studie das Recht hat, seine Daten entfernen zu lassen.

Manchmal umfasst der Versuchsaufbau eine Täuschung. So bittet ein Psychologe den Probanden z. B., an einer Gedächtnisstudie teilzunehmen, wenn er aber tatsächlich herausfinden will, wie der Proband mit den anderen Teilnehmern im Raum umgeht. Vielleicht bittet man den Teilnehmer, ein Buch zu lesen und zu berichten, was er dabei gelernt hat, wenn der Psychologe eigentlich an der Haltung und der Gestik des Probanden interessiert ist. Ist dies der Fall, muss der tatsächliche Zweck der Studie in der Nachbesprechung offenbart werden. Auch wenn solche Täuschungen im Rahmen einer Studie manchmal notwendig sind, so dürfen sie doch niemals zu psychischen Problemen beim Probanden führen oder diesen verstören.

Das zweite Prinzip betrifft die **Kompetenz** derjenigen, die die Studie ausführen. Von den Psychologen wird erwartet, bei ihrer Arbeit einen hohen Standard zu wahren. Zudem sollen sie sich gegenseitig bei der Aufrechterhaltung dieses Prinzips unterstützen.

Das dritte Prinzip verlangt, dass die Psychologen **verantwortungsbewusst** vorgehen. Sie müssen ihre Probanden vor körperlichen und geistigen Schäden schützen und sie müssen zudem sicherstellen, dass ihre Forschungen allen ethischen Anforderungen entsprechend.

Das vierte Prinzip betont die Bedeutung der **Integrität** beim Studium der Psychologie. Die Psychologen müssen nicht nur ihre Studienteilnehmer schützen, sie haben auch eine Verantwortung gegenüber der Öffentlichkeit und der Gemeinschaft der Wissenschaftler. Sie müssen sicherstellen, wahre und genaue Daten zu publizieren und ihre Forschungen durch Veröffentlichungen zu teilen. Sie müssen ihre Studien bewerten und mögliche Einschränkungen in ihrer Methodik sehr deutlich machen, sodass andere später korrekt auf ihre Arbeit aufbauen können. Hat ein Psychologe Zweifel hinsichtlich der Vorgehensweise eines Kollegen, soll er diese Zweifel vor dem zuständigen Berufsverband vorbringen.

ZEICHNEN SIE NICHT EINFACH FAKTEN AUF; VERSUCHEN SIE STATTDESSEN, DAS GEHEIMNIS IHRES URSPRUNGS ZU ERGRÜNDEN.

IVAN PAWLOW

PSYCHOLOGIE ALS WISSENSCHAFT

Die wissenschaftliche Methode

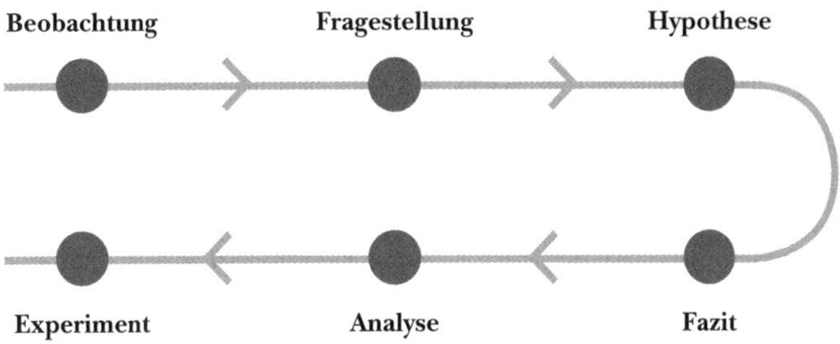

Wie Sie im Laufe dieses Buches zweifellos bemerkt haben, sind die Herangehensweisen im Studium der Psychologie vielfältig und breit gefächert. Sie reichen von subjektiven und introspektiven Themen wie der Natur des Glücks zu Themen, die wir eher der „reinen" Wissenschaft zurechnen, wie der Funktion von Neuronen oder der physischen Struktur des Gehirns.

Einigen Gebieten der Psychologie, z. B. dem psychodynamischen Ansatz, wurde vorgeworfen, zu subjektiv und nicht falsifizierbar zu sein - zu „unwissenschaftlich", um ernst genommen zu werden. Ist eine Theorie falsifizierbar, bedeutet das, wir können Experimente durchführen, in denen die Theorie getestet und möglicherweise widerlegt wird. Beim psychodynamischen Ansatz gibt es aber z. B. keine Möglichkeit zu testen, ob ein Mensch einen Ödipuskomplex durchgemacht hat, da Freud argumentiert, die Erfahrung wäre im Unterbewusstsein verdrängt. Das kann man jedoch nicht überprüfen und dementsprechend nicht falsifizieren.

Das wiederum heißt aber nicht, diese Theorien seien unwichtig. Der psychodynamische Ansatz hat Generationen von Psychologen inspiriert und viele effektive Therapien hervorgebracht. Zudem hat sich herausgestellt – dank des Aufkommens neuer bildgebender Verfahren des Gehirns –, dass einige von Freuds scheinbar nicht falsifizierbaren Theorien durchaus wissenschaftliche Rückendeckung haben. So haben wir z. B. erkannt, dass die Bereiche des Gehirns, die für das bewusste Denken (das Ego) zuständig sind, im Schlaf ebenfalls ruhen, während die Bereiche, die für unsere grundlegenden biologischen Instinkte (das Es) zuständig sind, wesentlich aktiver sind. Das stimmt mit Freuds Theorie überein, Träume seien ein Resultat daraus, wenn unbewusste Triebe in das Bewusstsein wechseln, während das Ego ruht.

Ganz egal, wie vielfältig psychologische Studien in ihrer Methodik und Zielsetzung sind, am Ende versuchen Psychologen stets, das menschliche Verhalten systematisch und objektiv zu studieren. Wenn sie dem Studium des menschlichen Gehirns und Geistes nachgehen, so bauen sie dabei stets auf die Arbeiten derer auf, die ihnen vorangegangen sind: Menschen, die das Mikroskop erfanden, die ein einzelnes Neuron isolierten, die die elektrischen Impulse zwischen den Neuronen entdeckten usw. Damit man auf ihrer Arbeit aufbauen kann, müssen Psychologen immer dafür sorgen, dass diese objektiv und wiederholbar ist (d. h., andere sollten das Experiment wiederholen können, um zu sehen, ob sie ähnliche Ergebnisse erzielen). Sie muss die wissenschaftliche Methode nutzen.

Verglichen mit älteren Wissenschaften wie Physik und Chemie haben es Psychologen jedoch schwerer. Sie studieren etwas, das sie oft nicht sehen können und das von Hunderten Variablen beeinflusst wird, auf die sie häufig keinen Einfluss haben oder von denen sie nie geglaubt hätten, dass diese das Ergebnis beeinflussen könnten.

Würden wir z. B. behaupten, Menschen, die Hunde mögen, können besser Kuchen backen, müssten wir sicherstellen, die Ergebnisse aller Teilnehmer vergleichbar zu machen, indem wir sie den gleichen Kuchen backen lassen. Dann würden wir eine Skala erstellen, anhand derer wir ihre Backkünste messen (eine standardisierte Skala, die zuverlässig jedes Mal, egal von wem, angewendet werden kann, was die Jury bei jeder beliebigen Backshow überflüssig machen würde). Zudem müssten wir eine Möglichkeit der Messung erstellen, wie sehr die Teilnehmer Hunde mögen. Nachdem wir unsere Ergebnisse erhalten haben, müssen wir dann anhand von Inferenzstatistiken herausfinden, ob unsere Ergebnisse zufällig aufgetreten sein könnten oder ob sie das Resultat der Variablen sind, die wir beeinflusst haben (d. h., sind die Ergebnisse bedeutsam?). Wir müssten versuchen zu bewerten, ob unsere Ergebnisse außerhalb unseres winzigen Versuchsaufbaus immer noch Bestand haben. Zuletzt müssten weitere Studien durchgeführt werden, um Gründe für unsere Ergebnisse zu identifizieren. Vielleicht sind wir auf eine Korrelation gestoßen, aber das bedeutet nicht, dass die Zuneigung zu Hunden die Backfertigkeiten einer Person verbessert. Psychologen müssen ein extrem umfangreiches Wissen über die wissenschaftliche Forschungsmethodik haben, um auch nur ansatzweise verlässliche Fortschritte bei der Erklärung des unfassbar komplexen menschlichen Verhaltens zu machen. Das Allerwichtigste ist jedoch, dass sich die Psychologen nach Abschluss ihrer Studie Gedanken über die Auswirkungen ihrer Ergebnisse machen. Ihre Forschung sollte eine Begutachtung durch Fachkollegen (Peer Review) durchlaufen, bevor sie veröffentlicht wird. Zudem wird von ihnen erwartet, Empfehlungen für weiterführende Studien abzugeben und anzugeben, wer davon profitieren könnte.

Die Psychologie hat, wie jedes Forschungsfeld, Phasen durchlaufen, aber gerade Psychologen bauen oft auf das Werk ihrer Vorgänger auf oder erweitern es. Selbst, wenn sie vielleicht nur als Katalysator für eine neue Herangehensweise dient, so scheint doch jedes Gebiet der Psychologie mit seiner vielfältigen Methodik die anderen Gebiete zu vervollständigen, beeinflussen und inspirieren.

REDUKTIONISMUS GEGEN HOLISMUS

Wollen sie das menschliche Verhalten studieren, müssen sich Psychologen meist auf eine Variable nach der anderen konzentrieren. Sie müssen ein sehr komplexes Thema - Depressionen, Gedächtnis, Aggression etc. - auf einige wenige Faktoren reduzieren, die sie messen können. Das nennt man den „reduktionistischen Ansatz“, und er beruht auf dem wissenschaftlichen Prinzip der Sparsamkeit. Dabei werden komplexe Phänomene mit der einfachsten möglichen Erklärung erläutert.

Zuerst benennen die Psychologen ein Verhalten oder ein Phänomen, das sie untersuchen wollen. Dann entwickeln sie eine Studie, die versuchen soll, Korrelationen oder Ursache-Wirkung-Beziehungen mit anderen Faktoren zu finden. Bandura wollte z. B. feststellen, welchen Effekt das Miterleben von Gewalt auf das kindliche

Verhalten hat. Loftus und Palmer fragten sich, ob die Formulierung einer Frage die Erinnerung einer Person an ein Ereignis beeinflussen kann. Freud wollte herausfinden, ob Erfahrungen aus der Kindheit Auswirkungen auf unser Verhalten als Erwachsene haben.

Den Fokus auf einen Faktor nach dem anderen zu legen, ist eine notwendige Bedingung, will man das menschliche Verhalten auf wissenschaftliche Weise erforschen. Das kann jedoch zu einer grob vereinfachenden Sicht unseres Verhaltens führen, die andere mögliche Faktoren ausschließt. Man kann dabei aus den Augen verlieren, wie umfangreich die menschliche Erfahrung tatsächlich ist und wie komplex die Beziehungen zwischen unserer Biologie und der Umwelt sind.

Beispiele des reduktionistischen Ansatzes in der Psychologie:

- **Biopsychologie:** Depression werden durch ein Ungleichgewicht des Neurotransmitters Serotonin hervorgerufen und können durch Medikamente wie Selektive Serotonin-Wiederaufnahme-Inhibitoren behandelt werden.
- **Behaviourismus:** Das Verhalten ist eine erlernte Reaktion auf einen Reiz und kann durch die Untersuchung einfacher Umweltfaktoren erklärt werden.

- **Kognitive Psychologie:** Der menschliche Geist arbeitet wie ein Computer, mit Input aus der Umwelt, internen geistigen Prozessen und einem Verhalten als Output.

„Holismus" ist dagegen der Versuch, beim Studium eines Verhaltens multiple Faktoren mit einzubeziehen. Dieser Ansatz geht davon aus, das Ganze sei mehr als die Summe seiner Teile, und dass wir deshalb die Gesamtheit der menschlichen Erfahrung (bzw. so viel davon wie möglich) in Betracht ziehen müssen, wenn wir die wirklichen Ursachen eines Verhaltens verstehen wollen. Bei dieser Methode ist es schwieriger, Ursache und Wirkung zu studieren, weil man sich dabei häufig auf Fallstudien verlassen muss, um die vielen Faktoren, die das Verhalten einer Person beeinflussen, wirklich zu verstehen. Das kann wiederum bedeuten, eine viel gründlichere Analyse eines Verhaltens ist möglich, neue Verfahrensweisen können identifiziert und im Folgenden auf reduktionistische Weise weiter untersucht werden.

Beispiele des holistischen Ansatzes in der Psychologie:

- **Psychoanalyse:** In der psychoanalytischen Forschung werden oft gründliche Fallstudien unter Berücksichtigung multipler Faktoren vorgenommen. Freud führte oft Fallstudien an seinen Patienten durch, um seine Theorien zu bestätigen. Im Grunde genommen waren seine Theorien jedoch reduktionistisch, z. B. die vereinfachte Aufteilung der menschlichen Psyche in Es, Ich und Über-Ich.
- **Humanismus:** Dieser tatsächlich holistische Ansatz konzentriert sich auf das Selbst und die Eigenwahrnehmung einer Person von ihrem Selbst.

DETERMINISMUS VERSUS FREIER WILLE

Das Konzept des Determinismus ist für viele Menschen schwer zu akzeptieren. Wir glauben, einen freien Willen und die freie Wahl hinsichtlich unser Aktionen, Reaktionen und Entscheidungen zu haben, was jedoch im Konflikt mit einigen Aspekten der psychologischen Forschung steht. Die meisten Vorgehensweisen in der Psychologie beruhen auf einem deterministischen Ansatz – der Fähigkeit, den Grund für ein bestimmtes Verhalten herauszufinden –, um das Verhalten zu erklären und ggf. zu behandeln. So würde z. B. ein stark deterministisch-biologisch geneigter Psychologe davon ausgehen, dass Ihr Verhalten schon vor der Geburt genetisch vorbestimmt wird; ein kognitiver Psychologe würde argumentieren, Ihr Verhalten sei die Antwort auf ein im Vorfeld erlerntes Schema. Genau diese Verteidigung wurde bereits vor Gericht vorgebracht und kann ein sehr gefährlicher Präzedenzfall für die Frage sein, in wie weit wir für unsere eigenen Handlungen verantwortlich gemacht werden können.

Ganz egal, wie erschreckend (oder beruhigend, abhängig von Ihrer Perspektive) ein deterministisches Argument für unser Verhalten ist, so ist es doch notwendig, um menschliches Verhalten zu erforschen. Wollen sie die Gründe für ein Verhalten erforschen, müssen die Psychologen zunächst davon ausgehen, dass es einen ultimativen Grund dafür gibt - dass unser Verhalten z. B. von einem biologischen Mechanismus oder einer früheren Erfahrung ausgelöst wird. Das mag zwar beunruhigend erscheinen, ist aber für das wissenschaftliche Studium der Psychologie unumgänglich.

Der Begriff „weicher Determinismus" beschreibet den Versuch, das menschliche Bedürfnis nach einer gewissen Handlungsfähigkeit und Kontrolle über unsere Gedanken und unser Handeln in Einklang zu bringen mit der wissenschaftlichen Notwendigkeit zur Entwicklung von Regeln zur Vorhersage menschlichen Verhaltens. Der weiche deterministische Ansatz würde nahelegen, dass unserem Verhalten biologische und umweltbedingte Mechanismen zugrunde liegen, wir letztendlich aber darüber bestimmen können, welche Auswirkungen sie auf unsere Gedanken und Handlungen haben.

MACHEN SIE SICH KEINE SORGEN, WENN SIE NICHT ANERKANNT WERDEN, SONDERN BEMÜHEN SIE SICH, DER ANERKENNUNG WERT ZU SEIN.

ABRAHAM MASLOW

Fazit

Inzwischen haben Sie sicher erkannt, dass es keine einfache Erklärung für menschliches Verhalten gibt. Aber: Sie haben jetzt einen Überblick über die besten Erklärungen, die wir im Augenblick dafür haben. Unser Geist ist faszinierend, komplex und gleichzeitig messbar und unermesslich. Über einige psychologische Hypothesen können wir uns ziemlich sicher sein, z. B., dass bestimmte Bereiche des Gehirns für bestimmte Verhaltensmuster zuständig sind. Andere psychologische Hypothesen sind subjektiver und verlangen größere Gedankensprünge, wie etwa der Einfluss unseres Unterbewusstseins.

Wir haben auch gesehen, wie unterschiedlich die Themen sind, die von Psychologen erforscht werden. Vermutlich ist es gerade diese Vielfalt an Möglichkeiten, menschliches (und tierisches) Verhalten zu studieren, die dazu geführt hat, dass Psychologie eines der beliebtesten Studienfächer an den Universitäten ist (Gesellschaftswissenschaften standen 2019 an sechster Stelle der Beliebtheitsskala).

Die Psychologie ist ein dynamisches Feld, das sich ständig weiterentwickelt. Weil die Psychologie zu verstehen versucht, wie Menschen sich im echten Leben verhalten, und weil sich das echte Leben ständig verändert, wird von Psychologen verlangt, auf die Erfolge der Vergangenheit aufzubauen und gleichzeitig neue Technologien kreativ einzubinden. Immer wieder entstehen neue Studienfelder als Zweige der historischen Vorgehensweisen, geformt durch die Wechselhaftigkeit von Kultur und Gesellschaft.

So entmutigend wie es erscheinen mag, ein so gewaltiges Feld wie die Psychologie in einem so kleinen Buch wie diesem zusammenzufassen, so ist es vielleicht noch einschüchternder, die Zukunft der psychologischen Forschung vorhersagen zu wollen. So wie sich die Welt und unser Platz darin verändern, so wird sich auch die Menschheit verändern und anpassen, und es wird neue Herausforderungen für die Psychologen geben, die sie verstehen und erklären müssen und für die sie Handlungsempfehlungen aussprechen müssen. Sie sind jetzt in der Lage, diese neuen Fortschritte anzunehmen und zu schauen, wohin uns der Fluss der Entdeckung trägt.

Weiterführende Leseempfehlungen

Wenn Ihnen dieses Buch gefallen hat und Sie mehr über die darin behandelten Themen erfahren möchten, so sind die folgenden Webseiten und Bücher ein guter Anfang:

WEBSEITEN

Deutsche Gesellschaft für Psychologie
www.dgps.de
International Psychoanalytical Association
www.ipa.world/

BÜCHER

Unser verrücktes Gehirn, Dean Burnett (2016)
Das egoistische Gen, Richard Dawkins (1976)
Das Milgram-Experiment, Stanley Milgram (1974)
Das unbeschriebene Blatt: Die moderne Leugnung der menschlichen Natur, Steven Pinker (2002)
Phantoms in the Brain: Probing the Mysteries of the Human Mind, V. S. Ramachandran (1998)
Was ist Behaviorismus?, B. F. Skinner (1974)
Quirkologie, Richard Wiseman (2007)
Der Luzifer-Effekt, Philip Zimbardo (2007)

Fotos:
S. 1, 5–8, 10–13, 16–18, 20–25, 27–43, 45–47, 49–71, 73–77, 80–81, 83–84, 86–102, 105–108, 110–113, 115–128 © IhorZigor/Shutterstock.com; S. 4 © Zubdash/Shutterstock.com; S. 9 © Pranch/Shutterstock.com; S. 15 © Athanasia Nomikou/Shutterstock.com; S. 18 © Designua/Shutterstock.com; S. 19 © maglyvi/Shutterstock.com; S. 26 © Arcady/Shutterstock.com; S. 31 © T and Z/Shutterstock.com; S. 48 © desdemona72/Shutterstock.com; S. 72 © Peter Hermes Furian/Shutterstock.com; S. 78 © bygermina/Shutterstock.com; S. 79 © Alex Gorka/Shutterstock.com; S. 82 © Dmitry Guzhanin/Shutterstock.com; S. 85 © bsd/Shutterstock.com; S. 104 © Plateresca/Shutterstock.com